뒤안길 여미다

김혜숙
산문집

서문

―

뒤안길 여미다

따라올 것이 없는 나이에 이르러 홀로 거닐었던 뒤안길을 들추어 한곳에 여미기로 한다.
 싹을 틔진 것도 아니고 꽃 핌을 북돋우는 일은 더욱 아닐지라도 지나온 시간 내 삶의 길을 메웠던 이유만으로 여기 조촐한 산문집 한 권을 묶어본다.
 어떤 누에 불과할지라도 삶의 흔적이고 길이었기에 오랜 마음들을 한자리에 펴보는 것이다.

 문학적 향기가 나지 않을지라도 걸어온 뒤안길은 모두 소중하다. 내 생生의 발자국들 다시 만나고 싶음이니 잘 다져오지 못한 멀어진 그 길들 모두 그립고 애틋한 삶이었기에 나의 길이 잊히기 전, 굳어버리기 전, 뒤안길 뒤져 한자리에 여며본다.
 자신을 연민하고 사랑했던 마음도 함께.

차례

서문 • 2

PART 1
떠나고 남는 것

아기 고무신 • 10
소꿉놀이 • 14
버스 종점 은행나무는 • 18
고향 집 · 1 • 22
낡은 일기장 • 27
긴 외출 • 31
고향 집 · 2 • 37
고향 집 · 3 • 42
미륵산 • 47
고려화랑 시화전 • 51
떠나고 남는 것 • 55
추억에서 • 59
찻집에서 • 64

45분의 꿈	• 70	── PART 2
장미 무덤	• 73	
모란 대접	• 77	**나에게**
기다림	• 81	**쓰는 편지**
풀꽃과 한지창	• 85	
꽃씨	• 89	
목련 세 가지	• 94	
그리움 중에	• 97	
가을에 시작한 삶	• 102	
강물 한 조각	• 107	
가을 소묘	• 111	
나에게 쓰는 편지	• 115	
저녁 노래	• 119	

PART 3
여럿이 한자리에

다시 추억이	• 124
가을 나들이	• 128
시화詩畵 한 폭	• 132
좋은 길	• 137
풍장風葬	• 143
여럿이 한자리에	• 146
작은 소묘 셋	• 152
그리움 가까이	• 155
봄	• 157
여백	• 160
기쁨의 발달	• 162
고풍의상古風衣裳과 함께	• 166
어린 행적	• 169

합장하고 싶다	• 174
사마귀와 놀다	• 177
만남	• 182
소요消遙	• 187
마중물	• 191
모월某月 모일某日	• 193
행로行路	• 198
마지막 유산	• 202
기도하는 나무처럼	• 206
그리웠던가	• 213
조각보	• 219
유랑游浪	• 225
소곡小曲	• 229
오동의 길	• 235

——— PART 4

기도하는 나무처럼

나의 길이 잊히기 전,

굳어버리기 전,

뒤안길 뒤져 한자리에 여며본다.

PART 1
떠나고 남는 것

PART 1

아기 고무신

㈜태화 말표 제일 작은 문수의 남자 흰 고무신 한 켤레.

반지르르 윤이 돌듯 손때 묻어 노르스름해진 이 작은 고무신을 우리는 아직도 소중한 보물처럼 모셔 놓고 있다.

애기장 위에나 서랍 속에 두고 생각나면 꺼내서 만져보고 들여다보고 또 아이들이 신어보곤 하는데, 오늘 밤도 단비(딸애)가 꺼내서 갖고 놀다가 자기도 이 신발 신었던 아기였냐고 묻는다.

곁에 있던 오빠(병호)가 이 신은 자기 것이었다고 자랑스레 말하고 반가운 듯 발을 넣어 보지만 겨우 발가락만 담길 뿐이다.

세월은 누구도 모르게 이렇듯 빠르게 지나치는 것일까. 이 신발 신고 놀던 때가 엊그제 같은데 병호는 국민학교 3학년의 소년이 되고 단비는 유치원생이 되었다.

어느덧 잠이 든 아이들 곁에 흩어져 있는 신을 주워서 그리움 만지듯 만져보는 이 어린 고무신 한 켤레.

어릴 적 내 아기들을 닮은 모습이었기에 그때의 아기들을 다시 보듯 자꾸 들여다보면 넘어질 듯 서툰 걸음마의 병호가 오고 단비가 오고…….

엄마의 손잡고 발자국 떼면서 너무 즐거워 소리치며 웃던 그 예쁜 웃음소리와 작은 몸짓이 다 들리고 다 보인다.

땅바닥의 첫 흙을 묻히던 신발, 고무줄로 동여줘야 벗어지지 않던 그 작던 발은 쑥쑥 자라나 수십 켤레 신발이 거쳐갔지만 이 어린 고무신 한 켤레만은 두고두고 아기 보듯 소중히 간직하고 있는 것이다.

말랑하던 고무가 좀 굳어진 듯하고 속바닥과 콧잔등이 조금 튼 듯하긴 해도 우리 아기들 차례로 발 담았던 사랑스러움은 아직도 오롯이 남아 있고 바닥의 '태화 말표'라 쓰인 글씨하며 두 마리의 말을 새긴 그림마저 아직 또렷하다.

귀여운 발자국이 찍어놓은 땟자국과 살푼살푼 닳아진 가장자리쯤의 낡은 것이 더 깊은 정겨움을 전해준다.

상큼히 풀꽃처럼 피어 있는 작은 얘기들과 수많은 발자국 사이에 끼여서도 지워지지 않는 이 또렷한 숨결.

어린 뺨을 부비듯 뺨에도 대어본다.

어릴 적 내 아기들을 닮은 모습이었기에
그때의 아기들을 다시 보듯 자꾸 들여다보면
넘어질 듯 서툰 걸음마의 병호가 오고 단비가 오고

예쁜 아가 둘 아장아장 걸어오는데 어떤 비의悲意로움도 있을 수 없다. 줄줄이 동화童話처럼 이어 솟는 그리운 얘기, 품속에 아기 안고 젖을 물리면 온 우주를 안은 듯 가득함에 무엇 하나 부러운 것 없어서 오히려 가난했음이여.

사랑이었기에, 모두가 사랑뿐이었기에 일어서고 붙잡았던 진한 생명들. 풋풋한 삶의 따뜻함 속에서 마음 포개고 엮으며 삭막한 현실도 견뎌내는 것이다.

아들아, 딸아. 다시 한번 아기로 와 안겨 보아라.

영원한 기다림으로 멈춰 있는 이 작은 신을 신어 보아라.

이 신 보며 생각나는 시절은 그림 같구나. 잠든 너희 발 곁에 대어보고 웃음 짓는 이 밤의 엄마를 꿈속에서나마 알아차릴까. 너희들 모두 어른이 될지라도 이 고무신 다 삭아 어찌 된다 할지라도 너희들 어린 시절 살아 있는 기쁨을 위해 두고두고 보관하리라.

진정 아름다운 것은 무엇인지…….

이 밤처럼 만질 수 있는 그리움과 기쁨과 추억의 작은 얘기를 행복의 조건이라고 말하고 싶다.

PART 1

소꿉놀이

다섯 살 딸애가 소꿉놀이하는 것을 보고 있으면 아이들의 놀이도 시대의 변천에 따라 사뭇 달라진 것 같다. 생활구조가 서구식으로 차츰 달라져가는 양상처럼 장난감도 요런 얄미운 것들이 나오고 있음을 본다.

앤디소꿉세트를 어디서 보고 어찌나 조르던지 아빠가 그중 식탁세트 하나를 사줘 보았는데 그것은 화려한 양식의 메뉴대로 잘 차려진 앙징스럽게 만들어 놓은 것들이었다.

우선 멋진 식탁이 있고 의자가 네 개, 촛대, 꽃병, 양념세트 등 양식 테이블에 사용되는 일체의 것이.

어느 땐 옥수수 일색의 옥수수 파티가 되기도 하고 어느 땐 과자 일색의, 라면 부스러기도 아무것도 없으면 보리차 일색의 식탁이 되기도 한다. 거기다 폭신한 천으로 만든 토끼, 강아지, 곰새끼들을 앉혀놓으면 귀여운 동물 가족이 앉아 생일축하라도 하고 있는 것 같다.

저렇게 풍요한 장난감 속에서 사는 아이들을 볼 때 나는 나의 어린 시절을 되새겨 보곤 한다. 양지바른 울타리 아래나 장독대에서 사금파리나 조개껍데기에 흙으로 밥을 짓고 토끼풀, 질경이, 신금초 따위로 반찬을 차려 홀짝홀짝 먹는 시늉을 하고, 맛있다고 종알거리며 해가 지는 줄 모르게 놀던 시절.

돌멩이로 네 집 내 집 구분하고 잔돌이나 종이쪽으로 물건을 사고 팔던, 잔칫상을 차려 서로 오고 가며 수다를 떨던 그 즐겁던 시절의 자연 그대로의 살림도구로도 충분히 만족하고 흥겨웠는데 이 화려한 식탁과 비교해 볼 때 내 아이들에게 지금이라도 사금파리를 주워다 준다면 뭔지도 모를 것이고 쓸모없는 물건쯤으로 취급해 버리겠지.

더욱이 아파트 5층에서 무슨 풀이나 사금파리를 얘기할 것인가.

땅에 내려서 보아온 요즘은 모두 아스팔트요, 좁은 골목길도 시멘트를 발랐는데 그런 소꿉도구를 어디서 찾아준들 또 무슨 의미가 될는지…….

플라스틱과 스텐 그릇에 밀려난 사기그릇, 그런 그릇이 없으니 깨어져 버려진 채 비와 발길에 닳고 닳아, 가지고 놀아도 손 다칠

염려 없던 그런 것들은 결국 우리 세대만의 애기일 뿐일까.

유년幼年의 꿈속에 살던 동화 한 조각인 양 정답고 그리운 것들은 다 어디로 갔을까. 옛것에 대한 향수는 여러 가지 모습으로 되살아 오지만 그 즐겁던 시절은 영원히 사라진 것이다.

오랜 도회 생활이 싫어서 우리는 작년 가을 고향으로 옮겨왔다. 나의 시 속에, 내 고향 속에 풋풋이 살아 있던 소꿉친구, 소꿉놀이를 그리워하는 마음처럼 늘 고향을 그리워한 십 년의 서울 생활.

이제 고향에 돌아왔건만 이곳에도 문명의 물결은 밀려와 아스팔트 위만 걷게 한다. 마늘로 마늘각시를 만들고 그 매운 마늘이 한 겹씩 벗겨질 때마다 잘도 먹던 내 어린 친구들, 그 맛, 그 재미를 모르는 지금의 우리 아이들.

몇 개씩 드레스에 싸인 파란 눈의 인형이 있어 주는데 마늘각시라니(?)…….

"달아 달아 밝은 달아 계수나무 박혔으니……"라고 노래했건만 참말 이 말을 믿어줄 아이들이 몇이나 될까. TV나 신문에서 달이 어떻고 토성이 어떻다는데 '웬 계수나무 웬 옥토끼'냐고.

과학과 문명의 발달은 우리 생활에 도움과 윤택만을 주는 것은 아니다. 그것은 꿈의 공해고 동화의 공해이기도 하다. 아름다운 세계는 신비에 싸였을 때 더욱 아름답다. 한 접시의 공복과도 같이 꼭 필요한 우리의 양식이 되는 정감情感의 세계를 떠나서는 결코 살 수 없는 그런 감수성을 사랑한다.

인간이 인간다워야 하듯이 세상은 세상다워야 한다. 한낮의 업무, 바쁜 일상을 떠나 영혼을 쉬게 하는 밤이 오면 하늘엔 보석처럼 영롱한 별이 있고 전설 같은 달이 있을 때 그 신비한 세계를 어찌 과학적인 눈으로만 볼 수 있을 것인가.

우주를 관찰함이 절대사絶對事라 할지라도 아름다운 꿈을 뭉개면서까지 절대적이길 바라지는 않는다. 어른이 되어서도 잃지 않는, 결코 잃고 싶지 않는 아름다운 꿈을 내 아이들에게도 꾸게 하리라. 우리들의 고향과도 같은 그런 얘기를.

PART 1

버스 종점 은행나무는

　　　　그 나무에 푸른 잎새는 없었습니다.
　　　　그 나무에 새는 오지 않았습니다.
　　　　바람도 쉬지 않는 나무에
　　　　그림자는 더욱 없었습니다.

　버스를 타기 위해 나는 여느 때와 마찬가지로 그 종점으로 갔다. 금방 떠날 차가 없기에 기다리다 보니 곁에 선 나무를 붙잡게 되었는데(그것도 무의식중에 일어나는 동작과도 같은) 그것이 나무라고 짐작은 하면서도 안중에 들어오지 않을 만큼 나무가 왜 나무같이 보이지 않았는지, 그런 생각조차 염두에 두지 않고 서 있다가 무료한 시선은 나무 쪽으로 옮아갔고 그래서 발견해 버린 나무의 상흔. 가혹한 형벌에 시달리고 있는 슬픈 나무를 보고 만 것이다.

정류장 팻말 정도 굵기의 은행나무였는데 나무둥치라고 하기엔 너무도 약하고 가느다란 나무줄기 목 언저리쯤의 표피表皮가 닳을 대로 닳아서 밋밋해지고 빤질빤질 손때에 절은 윤기에 그것도 모자라 아예 찢겨지고 벗겨져 속뼈가 드러난 지경까지 이르렀는데도 위로 치켜다보니 가느다란 줄기 끝에 조락凋落의 겨울나무 같은 잎새 몇이 노랗게 붙어 대롱거리고 있을 뿐이었다.

태양은 찌는 듯한 여름의 열기로 쨍쨍한데 저쪽 행길로 쭉 뻗어 선 같은 나무들은 무성한 잎새를 마음껏 펼치며 푸르른 가로수로 그늘까지 시원히 드리우고 튼튼히 서 있는데 어쩌자고 여기에 심겨서 오는 사람, 가는 사람에게 덜미덜미 잡히기, 심심한 발길에 툭툭 차이기. 빙글빙글 어지럼증으로 돌리다 보니 뿌리마저 병들어 이 꼴이 되어 그래도 말없이 종점의 가로수로 죽은 듯이 서 있어야 하는 건지…….

내 손은 불에 덴 듯 놀라 떨어졌고 분노와 아픔이 범벅이 된 심정으로 다시 가엾은 나무를 쓰다듬어 보았을 뿐이다.

껍질 속 연둣빛 물기운도 가신 지 오래인 것 같고 하늘을 이고 선 강한 생명력 하나의 의지로 버티고 서 있는 듯한 어진 나무. 똑같은 대지, 똑같은 기후, 똑같은 태양을 가졌건만 어찌하여 이 나무들이 이렇듯 다른 모습으로 성장하고 있는지?

종점엔 언제나 사람이 득실거린다. 가고 오는 사람, 기다리는 사람······.

사람의 손으로 심어놓은 나무가 사람의 손으로 하여 죽어가고 있는데 그것도 모르는 독의 손을 가진 자들이 이리 잡고 저리 잡아 나무의 표피가 흔적 없이 될 때까지 방관했으니 비감悲感한 심정을 누를 길이 없었다. 그 상처 아물게 하여 새봄엔 실한 새싹을 내게 할 처방제는 없을까.

연민의 따슨 손길로 쓰다듬어 준다는 것, 이것마저 이미 너에겐 해害가 된다네. 주위의 몇 그루 은행이 모두 이 모양이니 사람의 손길이 얼마나 독한 것인가.

낙숫물에 돌이 패듯 한 번씩 거머잡는 손아귀에 나무가 닳는다. 나무가 아프다. 유독 목줄기만 그렇게 닳았으니 사람의 손길이 꼭 붙잡기 좋은 위치다.

멀쩡한 나무가 시달려서 죽는다는 것이 결코 어떤 짐승의 소행이 아니다. 감성과 이성을 가진 만물의 영장이라 일컫는 사람의 소행인 바에야 어찌 가증스런 일이 아니랴. '자연보호' '나무 심기'가 무슨 소용. 심긴 나무의 성정마저 저해하는 무신경의, 무감각의 잔인성으로······.

"이 나무는 죽고 있어요. 더 이상 움켜쥐지 마세요."

이렇게 큰 팻말이라도 써서 달아놓아야 할 것인지?

나는 네 앞에서 죄지은 인간임을 부끄러워한다. 독의 손을 가진 것을 두려워한다.

오늘 나의 손도 너를 죽이는 공범자였음을 고백한다.

네 목숨이 종점으로 가는 양 때맞추어 상여 한 채가 고개를 넘어 오고 있었다.

PART 1

고향 집 · 1

 마침내 당도한 집, 긴 여로에서 돌아와 무겁게 지친 짐을 푼다. 이곳엔 이것을 놓고, 저곳엔 저것을 놓고, 나란히 어깨를 맞대고 우리들의 모습을 닮은, 우리들의 세월을 닮은 세간살이를 정돈한다.
 제자리를 차지하고 들어앉은 잡다한 물건들, 우리와 함께 끌려다니고 숨죽이고 시달리던 식구들이다. 언제나 남의 지붕 밑, 낮게 죽이던 목청, 앉으나 서나 편치 않던 자리를 밀치고 결혼 12년의 방황 끝에 다다른 집. 결코 전부가 우리의 힘일 수는 없는 고마우신 분들의 배려에 힘을 얻어 가까스로 내 집이라 여겨볼 수 있게 된 것이다.
 다친 자국, 흠집 많았던 아픔들을 순금의 햇살에 내어 넌다. 한

恨의 구석구석도 쓸고 닦아낸다. 응달의 나무 같던 내 아이들도 양지쪽으로 옮겨 놓는 심정으로 뛰놀게 하고 시멘트 마당 한구석 엉성히 만들어진 좁은 터에 명색이 화단이라도 만난 듯 목련 두어 그루와 장미를 심었다.

남이 보면 분재盆栽 축에도 못 들 분盆들, 그래도 애지중지 염려하고 사랑하는 마음으로 심고 물 주고 거름 주고 보살핀다. 우리 마음 다하는 나무들이 잘 자라주길 매일매일 염원하면서 돌보는 남편의 극진한 정성 탓이지 비와 햇살, 바람을 맞으며 싹을 틔우고 잘 자라주는 기특한 분盆들이다.

낡은 한옥 한 채. 오래 묵어 더 그리운 고향처럼 가고 싶고, 보고 싶은 그런 품이 되라고 나는 나의 집을 '고향 집'이라 이름 붙인다.

대문께엔 토치(개)가 있고 양지바른 마루엔 진이(고양이)가 놀고 옛사람들은 고유의 운치를 살려서 지은 집이건만 긴 세월 비바람에 삭고 닳아 낡고 군데군데 손볼 곳이 많아도 이를 사랑하여 한세상 또 살아볼 일이다.

집도 인간사의 연緣과 같아서 연분이 닿아야 함을 절실히 느끼며 우리 형편에 맞고 적당한 집을 찾아다니다가 어쩌다 연이 닿았는지 이 집을 택하게 되었다.

익숙지 못한 구조와 집 처리에 한동안 불편한 점이 한두 가지가 아니었다. 우선 물 새는 곳은 방수했고 등燈과 초인종을 달았고 대문을 새로 달았고 아궁이를 고치고 가스 배출기를 설치하고 등등 우리 생활에 최소한 필요한 것들을 갖추게 했다.

우리들의 좋은 친구(册)들은 안방의 두 벽을 이용했는데 언제나 이 구석 저 구석 처박혀서 얼굴을 펴지 못하던 삶의 벗, 길잡이들의 안정된 자리를 만들어주고 보니 한결 마음이 놓인다.

오래 묵어 더 친근한 감을 주는 남향집.

웬만한 단점쯤은 참고 살기로 하고, 바로 트인 큰 하늘과 밟을 수 있는 땅과 맑은 바람과 쉽게 만나지는 수북한 햇볕, 이런 몇 개의 좋은 점 때문에 정을 붙인다.

방 안을 뛰어다니는 메뚜기. 오늘도 늘씬한 연둣빛 메뚜기 한 놈이 마루에 놓인 성냥갑 위에 처억 올라앉아 있는 것도 보았고 며칠 전과 또 그 얼마 전에는 개구리 새끼가 종일 분재 위에 웅크리고 있기도 했다.

봄엔 제비 한 쌍이 추녀 밑에 그들의 보금자리를 어렵게 지었었고 우리는 그 밑에 나무 조각의 받침대를 대어 주었다. 그들은 얼마지 않아 네 마리의 새끼 제비를 낳았는데 그 어린것들을 먹이를 물어다 키워서 어느덧 어미만큼 자라더니 어디론가 날아가 버렸다.

교육은 바로 여기에 있었고 나는 동화를 읽는 기분으로 흥부도 아니고 놀부도 아닌 보통 사람으로 그들을 반기고 바라보았다. 이름 모를 어여쁜 새들이 나뭇가지를 옮겨다니며 지저귀고 참새, 까치, 고추잠자리, 땅강아지, 달팽이, 귀뚜라미, 쥐며느리 등 자연의 한 부분들이 쉽게 만나지곤 한다.

깊어가는 이 가을엔 섬돌 밑 귀뚜라미가 밤새 울어주고, 신록의 잎새는 어느덧 내 나이만큼의 빛깔로 깊은 생각에 잠긴 듯 마지막 단풍진 잎새를 드러내기도 하고, 조락凋落의 잎들이 쓸쓸히 뜰을 구르기 시작한다.

늘뜨던 여름을 지나 깨달음의 길이 트이는 가을날 라이너 마리아 릴케를 읊조린다.

　　…지금 집이 없는 사람은 언제까지나 쓸쓸한 전야田野에 쭈그리고 앉아 있고요
　　지금 혼자 몸인 사람은 언제까지나 호올로 창변窓辺에 고독孤獨하고요…

그러나 나는 이 가을날.
하나의 집 속에서 집을 위한 글을 쓰노니.
낙수 지는 빗소리, 창을 두드리는 빗소리는 진정 영혼마저 젖게 하고 빈 마음으로 잠들어버리기엔 허전하기만 하여 한 점 밟히는 나뭇잎을 주워보듯 나를 응시하는 시간.

며칠 전에 채 일구지 못한 뒤꼍 작은 남새밭 무성히 우거진 잡초 사이에서 누렇게 익은 덩치 큰 호박 네 덩이를 따게 되었다. 남편이 뒤꼍으로 나갔다가 달덩이처럼 덩실하게 자란 호박을 발견하고 따서 아이들과 함께 한 아름씩 안아보는 기쁨을 누렸다.

가을의 넉넉한 들녘마냥 아무도 몰래 놀라고 기찬 음모가 내 뒤뜰에서 이뤄지고 있었다니……. 가느란 줄기에서 실로 엄청난 모습의 크기로까지 살아 있을 줄이야. 차마 칼질하기가 아까워 오래오래 바라보고 있고 싶기만 하다.

심지도 않은 넝쿨이 어디서 뻗어왔는지 "저절로 굴러온 호박", "그 집에 호박이 궁글었네"라는 말이 실감 난다.

마침 그날 밤 '늘빛문학회' 월례회를 우리 집에서 가졌길래 그중 한 덩인 제 회장님께 드리고 한 덩인 친정어머님께, 그리고 아직 두 덩이는 우리 식구로 남아 웃음을 자아내게 하고 있다.

내 아가들아, 의좋은 오누이야. 거짓 없는 자연과 가까이 있는 이 '고향 집'에서 너희들 어린 시절을 수놓아라. 진실로 아름답게 빛나는 건 자연이 아니냐. 이 순수한 아름다움을 가까이 느끼며 단 열매가 열리는 소박한 집에서 슬기롭게 건강하고 바르게 자라거라.

흔쾌히, 내리는 비도 맞고 흙도 만지면서 우리들의 '고향 집'을 사랑하기로 하자. 윤기潤氣란 새것에만 있는 것은 결코 아니지 않니?

PART 1

낡은 일기장

묵은 공책들을 정리하다가 유일하게 남아 있는 학창시절 일기장 한 권을 발견했다. 간간이 쓰고 싶을 때 쓴 글인 듯, 날짜의 간격이 멀고 많이 찢어버렸는지 낱낱이 떨어지고 그나마도 몇 장 되지 않는다.

여고 1학년 16세의 마음으로 시작되어 있다. 불현듯 만나보는 내 어린 흔적. 내가 거기 깨알같이 박혀 있었다. 서툰 글씨하며 감탄사(!)가 많이 찍혀 있는 문장. 그러나 때 묻지 않은 순수한 감정들이 소상히 그려 있는, 지금은 모두가 우습게만 여겨지는 갖가지 일들이 아주 심각하게 적혀 있었다.

1학년에서 2학년으로 진급할 때 1학기보다 떨어진 성적에 대한 비통한 심정과 자아를 돌아보는 반성적인 뉘우침과 질책은 순진 무구한 그 나이대로의 표현이었고 어머님의 꾸중을 듣고 자기대로의 느낌을 아픈 마음으로 써 놓기도 했고 벗들과의 언짢았던 일이며 날씨에 따라 달라진 기분까지 지금 내가 읽을 수 있다.

제법 시심詩心에 젖기도 했는 듯 보잘것없는 서툰 솜씨나마 자작시를 지어놓기도 했는데 그중에서는 더러 좋은 상을 탄 것도 섞여 있었다.

모두가 소녀적인 감정에서 우러나온 서정적인 것들이다. 또 '내가 탐독한 책'이라고 특별란을 만들어 기록했는데 지금은 기억에도 없는 책명冊名도 더러 눈에 띈다.

명작들을 구해 읽은 양 하며 책 읽기를 아주 좋아했던, 그래서 대단한 자부심을 가졌던 소녀였음이 나타나 있고 신앙심도 깊었는지 하느님에 대한 기구와 기도의 자세도 그려져 있었다.

아스라한 기억으로, 선연한 추억으로 그리움의 물결이 출렁여 온다. 이 글로써 새삼 되살아나는 어린 시절, 까마득 잊고 있던 마음이다.

나도 몰래 이렇게 잊어버리며, 실로 순식간에 흐르는 물처럼 흘러간 시간. 만나보고 싶다. 내가 나를. 그때의 내 모습과 그 마음을. 다 없어지지 않고 이렇게 몇 장의 꽃잎 같은 흔적으로 남아 오늘 내 앞에 놓여 있음에 감사한다.

이 불혹의 나이에 인생이 무엇인가 조금은 알 것 같기도 한, 아

어쩌면 석양이 바로 눈앞에 전개될 등성이에 서서 까마득 뛰어내려가 연둣빛 여린 가슴의 눈부신 비밀 속을 들여다보는 기쁨이여!

그 환한 교정에서 새 떼처럼 조잘거리고 코스모스처럼 무더기 무더기 청초하던 모습들이 아른거린다.

단순한 고민거리, 걱정거리, 먼 미래의 꿈과 소망…….

그때 내가 꿈꾸던 미래가 과연 지금의 이 현실일까! 그리고 바로 이런 '나'였을까? 그날 그때 여러 개의 물음표(?)가 줄지던 시절의 해답을 무어라 서슴없이 지금 답할 수 있을까.

백마를 탄 멋진 기사의 꿈으로 부풀던 구름 같은 공상의 나래들. 그 비현실성의 세계를 그대로 사랑했던 시절. 현실의 상황에 차츰 적응하고 세상과 타협하면서 꿈의 정체를 파악하기 시작하곤 행복이란 산 너머 먼 곳에 있음이 아니고 바로 가까이, 마음만 있으면 언제나 잡을 수 있는 곳에 존재한다는 워즈워스의 시구를 깨닫게 되기까지. 행복이란 바로 자신이 만드는 요리와 같이 정성 들인 알맞은 간으로 조리하면 입맛에 맞는 음식이 되듯 자기에게 맞는 행복이 될 수도 있다는 평범한 진리에 인생의 승패를 건다.

무지개처럼 영롱한, 그러나 잡히지 않던 신비의 꿈이 차츰 윤곽이 드러나고 소박해지고 단단해지기까지 나의 세계는 어렵고 고달팠던 아름다움이라 하자. 거르고 걸러서 아픈 앙금들을 지워버리기까지는 아직도 더 많은 세월이 남아 있을지 모른다.

오늘 나는 이 작은 거울을 앞에 놓고 세월의 편린들을 하나씩 주워서 닦는다. 때 묻지 않았던 지순한 가슴을 비추어 놓은 이 아름다운 작은 모습의 거울은 얼룩진 나를 비추고 나를 씻어내리며 내 순수를 들여다보게 한다. 아직도 남아서 불현듯 그리웁게 만나보고 싶을 때 다가와 내 곁에 서서 현실의 나를 비추이고 그날의 청靑빛 하늘과 무구한 가슴을 다시 보게 해주는 이 귀하고 소중한 글귀.

제복의 소녀가 조용히 서서 미소하는 듯한 나의 이 낡은 일기장. 이 몇 장의 꽃잎을 다시 접어 보관한다.

열여섯, 열일곱의 나. 빛깔 고운 명주 실타래. 이 실타래를 풀어서 낡고 때묻은 현실의 무색모호한 바탕에 수를 놓으면 파인 주름도 펴질 듯하고 무딘 마음도 다시 윤기를 얻을 것만 같다.

생활의 쳇바퀴를 돌다가 어렵게 얻어지는 이 금과 같은 시간. 자아의 원점으로 영혼을 찾아 들어갈 수 있는 이 짤막한 시간의 필요성은 생애에 가장 값진 부분이 아닐까. 이 낡은 한 권의 일기장, 이 작은 거울을 만난 가을은 다시 아름답기 시작한다.

내 소녀여, 거기 네 모습 그대로 고이 있거라. 낮게 소근거리는 맑은 목소리로 나를 흔들어 깨우고 되돌아보며, 되돌아보며, 약물처럼 한 모금씩 너를 마시게 하여라. 사랑의 묘약과도 같이. 먼 훗날, 그 먼 훗날까지.

PART 1
———
긴 외출

  언뜻 언뜻 부는 바람에 아침나절부터 속마음은 예기치 못한 일이라도 일어나 모처럼의 계획이 무산되지나 않을까 하는 기우로 불안하기까지 했다.

  정오를 넘어서 터미널에 확인한 바 2시 55분발 엔젤호는 3시 15분에 출항하리라 한다. 만 하루를 잡아야 하는 나의 외출. 이태리 오페라 라스카라 부산 공연을 보기 위하여 남편은 여러모로 완벽하게 내 바람을 추진시켜 주었고 엔젤호의 왕복예매권까지 미리 구입해둔 터라 섣불리 혼자 어디로 가보지 못한 여행에 대한 약간의 두려움이랄까. 불편함 같은 것이 다 해결된 셈이다.

  주부가 집을 비운다는 것은 안과 밖으로 신경 쓰일 일이 많아 좀체 이루기 힘든 조건에 있기 마련이다. 어딘가 훌쩍 떠나고 싶은 그런 변화를 희구할 때도 없지 않지만 대부분 우리 주부들은 그런 바람을 안으로 삭이고 자기를 조용히 다스리며 가정을 위해 헌신하고 자기를 잊고 사는 것이다.

화창한 봄날, 얼었던 마음이 풀리고 파릇파릇 새순이 돋고 하나 둘 꽃물이 대지를 물들이기 시작하면 갇혔던 마음, 겨우내 웅크렸던 가슴을 펴고 나비처럼 훨훨 따스한 봄길을 날아보고도 싶고 여름이면 갑갑한 집 안보다 푸른 바다의 광활한 품속에 아이들과 잠겨 뒹굴고 싶은 충동에 바다를 찾아 나서길 좋아한다.

가을은 더욱 그 정감이 짙어서 인생의 단 열매를 품어보듯 가을의 풍성한 들판, 아름답기 그지없는 자연을 찾아 나서고픈 마음에 소녀처럼 설레기도 하고 한편 조각의 잎새를 바라보며 하루의 비애에 가슴을 떨기도 한다.

포근한 가정, 따스한 아랫목, 잘해 놓은 김장, 이런 정겨운 삶과 오랜 인내를 배우게 하는 겨울.

이렇듯 희로애락의 굽이굽이를 돌고 도는 가운데 일생은 순식간에 지나고 우리도 떠나야 할 차비를 차릴 때가 오리라 예감하면서.

이런 연유로 내가 혼자 가볍게 핸드백 하나만 달랑 들고 아이들과 남편을 두고 떠남에 한편 미안한 생각도 들고 안쓰러워 자꾸 이것저것 챙겨놓고 돌아보고 내가 없을 만 하루의 부재를 위하여 되도록 덜 불편하도록 만들고, 준비하고, 이르고 또 당부한 후에야 집을 나설 수가 있었다.

어느 세월 뒤인가 연륜도 깊어져 우리 부부가 함께 산 세월도 어느덧 단단한 수피처럼 여물었고 그 살 속에 흐르는 수액은 은은한 맑음으로 넘쳐 정다웁고 여유로워졌음인가. 나의 이 긴 외출을 허락하고 나의 기쁨과 열망을 이해하는 남편의 배려에 진정 감사함을 느낀다. 훗날엔 함께 떠나 이런 공연을 감상하기로 하고, 오후의 햇살이 비스듬히 기울 즈음 하얀 배는 출항했다.

남편의 전송까지 받으며 좌석 하나를 차지하고 보니 날씨가 조금 흐려 걱정이던 마음이 이제야 안도의 기분이 된다. 푸른 파도를 가르고 부산을 향하는 엔젤호. 먼 옛날 금성호나 원양호의 그 낭만에는 비할 바가 못 된다.

간편한 생활권에 맞는 쾌속선의 혜택을 입을지언정 긴 뱃고동을 울리며 좁은 포구를 서서히 돌아나가던 객선을 향해 오래오래 배웅과 이별의 손길을 흔들던 그런 여운과 정리를 찾아볼 수가 없다.

멀미를 참아내기 위하여 갑판 위의 바람을 들이마시며 유유히 떠가는 섬들을 눈여겨 바라보며 끝없는 포말을 헤아리며 시퍼런 물길을 내려다보던 길고 긴 수로水路의 깊은 생각들.

가만히 노래라도 부르면 배의 발동에 따라 덜덜 떨리는 목청의

재미에 잠시 지루함을 잊기도 하고 감칠맛 나는 내 고향 맛인 김밥도 사 먹어가며 선체船體 객실 한구석에서 애써 잠도 청하고 그렇게 시작되고 끝나던 낭만 어린 뱃길. 이제는 애수 어린 추억의 한 페이지로만 남아 있을 뿐이다.

한 시간 남짓, 어느덧 부산항에 정박한 배. 가덕도 물길도 쉽게 벗어났고 낯익은 등대도 스쳐가고 멀미도 없이, 뱃고동도 없이…….

나의 문우文友인 아동문학가 H선생을 만날 수 있다는 기쁨으로 재빠르게 출구를 향했다. 그녀도 세 시 반부터 기다리던 참이란다. 무슨 이유인지 반시간 이상 늦은 출항이었으니 그 기다림이 오죽했으랴. 늦더라도 무산되지 않은 현실만이 고맙고 기뻤다.

우리는 시간을 아끼면서 얘기를 나누었고, 부산항의 바람이 끼어들어 옷자락 나부끼는 길을 걸었다. 저녁을 먹고 7시쯤 시민회관에 가서 우리들의 좌석을 찾아 막이 오르길 기다리는 동안은 여학생 때처럼 약간의 흥분마저 감도는 듯했다.

이윽고 막이 열리고 오케스트라의 연주가 시작되고 연이은 오페라 곡들로 초가을 밤이 청아하게 뚫리어갔다.

영혼을 앗아가는 선율과 열창에 숨이 막힐 듯 감동적인 아리아들. 도니체티의 〈람메르무어의 루치아〉, 베르디의 〈리골레토〉,

푸치니의 〈라보엠〉 하이라이트들. 전막을 다 공연하지 않음이 아쉬웠던 점이었지만 극치의 예술을 맛보는 아리아에 여름내 들끓던 더위와 쌓인 피로가 말끔히 씻겨가고 새로운 생기가 도는 듯한 안온한 행복감이 나를 감았다.

아름다움이여!

정지할 수 있거든 저 선율의 굽이에서.

잊을 수 없는 여운을 오롯이 가슴에 담고 그들과 작별하는 귀갓길, 어둠 곁에 그녀가 있으므로 서툰 지리의 부산이 두렵지 않았고 쓸쓸하지도 않았다.

다가올 생애에 대한 공포나 비애나 슬픔 같은 것들이 포병처럼 엎드려 나를 향해 겨누고 있다고 한들 아름다운 예술을 감상하고 좋은 벗을 만나 지내는 즐거움이 모든 것을 잊게 할 뿐. 낯선 잠자리의 고충이 없지 않았지만 내일이면 다시 만날 가족 생각에 새로운 리듬감마저 느끼며 잠을 청했다.

내 생을 윤택하게 해주는 이 밝은 기운은 어둠의 끝에 솟아오르는 빛나는 일출과도 같아 한 조각의 스산함도 담고 싶지가 않았다.

다음 날 명랑한 거리에서 우리는 남은 시간을 유유자적하게 보낼 수 있었고 눈요기도 하며 번화가의 곳곳을 부담 없이 돌아보았고 그간의 작품이나 일상의 일들에 대해서도 얘기하며 파란 가을 하늘 한 장씩을 나누어 갖고 헤어졌다.

  이윽고 부산을 떠나는 오후, 거대한 도시가 밀려나고 큰 선박들이 밀려나고 기쁨의 시간과 좋은 사람도 떠나고 엔젤호 한 구석자리 약간 피로해진 몸을 기대어 쉬는 동안 어느덧 포구로 들어서는 배, 호수 위에 떠 있는 호반의 도시, 언제나 포근하고 맑은 인상의 하얀 도시는 변함없이 그 모습 그대로 있어 주었고 나는 꿈에서 깨어난 듯 기지개를 켜고 일어나 한 걸음씩 다시 일상의 나로 돌아오고 있었다.

  긴 외출, 함께 떠났던 바람 한 점이 가볍게 등을 미는 기척을 느끼며.

PART 1

고향 집 · 2

여황산 기슭 아래 포근한 양지쪽 낡은 기와집. 아무것도 입힌 것 없고 아무것도 꾸민 것 없는 한 채의 한옥에 종일 햇살만 풍요롭다.

아침 수돗물 소리에 잠이 깨이면 방문을 열기가 바쁘게 차고 맑은 대기가 전신을 감싼다. 문도 없는 청마루에 달빛은 밤새 마음껏 쉬었다 가고, 동녘 하늘을 치솟는 태양의 기운이 내 뜰에도 서서히 발을 들여놓기 시작하면 몇 그루의 나무와 아직도 잘 다듬어지지 않은 분재들이 초라한 뜰을 그림처럼 일구어준다.

아래채 지붕을 기대고 철 늦은 분홍 장미가 11월 늦가을 하늘을 이고 천연스레 피어줌이 신비롭다. 지붕을 넘쳐날 듯 키 큰 종려의 잎새 사이로 산새들이 와서 지저귈 때면 사는 맛이 또 달라지기 마련이다.

내 가족들, 이제는 고양이가 두 마리, 토치(개)는 대문께에 그대로이다. 일년 사이 중견으로 자라서 내 집의 수문장으로 역할이 대단하다.

우리들의 방들은 두어 장씩의 연탄으로 종일 따뜻해서 추위 잘 타는 내 비위에 꼭 알맞고 잡다한 식구들이 이 구석 저 구석 차지하고 있음도 여전하다.

머리맡 한구석 늘어선 능잔 몇 개와 말 없는 돌들이 더없이 순하게 제 본연의 의미를 던져줌이 추색秋色 짙은 이 계절의 나직한 숨결로 들리기도 한다.

저 등피 그을린 등잔들, 가늘게 불을 밝혀도 우주만상의 번뇌를 태웠음직한 몸체임에, 누군가가 기나긴 동지 밤을 기다림과 그리움의 한을 밝히고 하얗게 새우기도 했으리.

안방이라기보다 어떤 고물상이나 케케묵은 서재 정도로 착각하겠지만 이런 것 모두가 익고 익어서 몸의 어느 한 부분, 우리 마음의 어느 일부분만큼 소중하고 유용하게 여겨지니 말이다. 그래서 구석구석 세워두고 늘어놓고, 포개놓고 그 사이에 들어앉아 살기를 좋아함이니, 이 맛을 빼고 나면 무엇이 우리의 여백을 우리의 어수룩한 삶을 채워 줄는지 따로 생각해 보지 않았다. 그냥 낡은 것이 좋고 오랜 풍상을 겪은 세월을 지닌 것들이 좋을 뿐이다.

바람처럼 불려가는 생활 속으로, 돌아와 편히 쉴 곳,
볕바른 나의 '고향 집'은 떠난 식구들이 돌아올 때까지
오늘도 조용한 얼굴로 변함없이 기다려 줄 것이다.

'정리가 잘되지 않은 집, 치워도 치운 것 같지 않은 집, 잡다한 식구들이 너무 많은 집.' 이 정도로 표현되면 될 것이다.

 골목길을 이럭저럭 굽어 오르면 좀 높은 듯해도 별 지장 없고 밤늦게 우리 부부가 함께 한 잔쯤 하고 정겹게 팔짱을 끼고 어깨동무도 하며 이런저런 얘기를 나누며 비실비실 돌아 오르면 아주 딱 맞는 거리쯤에 다달아 오를 수 있는 집.
 택시나 잡아타고 오면 금방 대문인 것보다 여유롭고 낭만적이라서 좋다고 할까.
 아이들 학교가 가깝고 내 일터가 가깝고, 시장과 시내가 모두 걸어서 다닐 수 있는 거리이고 보니 이런 이로운 점도 곁들인 셈이다. 꾸밈없는 마음으로 꾸밈없이 소박하게 살고 있음을, 그래서 별 탈 없이 살고 있음을 감사한다.
 '고향 집' 나는 여전히 내 집을 이렇게 부르길 좋아한다. 이 가을 한 아름 분에 담겨 뜨락을 환히 태우던 흰 국화도 제빛에 저물기 시작하고 저절로 울려 나오는 노래의 음정을 꽃잎이 받아주고 있다.
 이 땅의 다소곳한 나무들, 꽃들, 그리고 탐스런 열매들과 함께 살아 있음에 감사하고 이 티 없는 계절에 마른 잎맥과 빈 가지의 의연한 고독을 다시 사랑하고 쓰러져간 것들에 대한 연민과 가라앉는 삶의 의미를 체험한다.

창이 없는 집. 창이 없으므로 그대로 모두가 창이 되는 집. 닦아 낸다. 바라본다. 할 일 없는 시간은 없다. 무성無性의 실패란 더욱 없어야 한다.

내 소리는 크지 않고 어둑하지 않고, 내 집의 온기처럼 따스하고 밝아야 한다. 온 누리에 끼치는 투명한 절기에 두 눈 크게 뜨고 심장을 열고 내 영역의 이 소박한 기쁨을 담은 집에서 오직 사는 일의 여한 없는 의미를 채울 자아를 찾는 일.

내 일을 하는 일. 내 목소리를 가다듬는 일로 보내길 원한다. 너 묵묵한 돌처럼 침묵하여도 말하고 있는, 저 불변의 생명을 건지기 위해 나는 알곡식을 심어야 하고 싹을 틔우고 열매를 맺어야 하리라.

사랑하는 사람의 사랑으로 채우고 몸 살피고, 마음 살피는 일의 아름다운 직업, 변하지 않는 것들의 소중함. 자연의 섭리와도 같이 그 빛이고 그 생명인 것을 사랑하자.

이 겨울이 춥지 않을 내 고향 집에서 아이들과 더불어, 남편과 더불어, 살을 대이고 마음을 대이고 빛이듯, 봄이듯, 그렇게.

툴툴 털고 나선다. 바람처럼 불려가는 생활 속으로, 돌아와 편히 쉴 곳, 별바른 나의 '고향 집'은 떠난 식구들이 돌아올 때까지 오늘도 조용한 얼굴로 변함없이 기다려 줄 것이다.

PART 1

고향 집 · 3

　남루했던 집에 새 옷을 입힌다. 따뜻한 질감으로 짜인 미혹美惑의 의상을. 오랜 풍상을 스친 낡은 흔적을 하나씩 지워가며 다정히 부축하듯 일으키고 단장해 주고 보니 몰라보게 훤칠해졌다.
　위채, 아래채, 기와지붕을 보수하여 회칠하고 마루에 창이 없어 비바람과 추위에 몹시 고생스럽던, 그래서 낡아버린 마룻바닥을 새로 갈고 망창을 곁들여 창을 달았다. 연탄가스가 차고 일하기 불편해서 다리까지 다친 적이 있는 부엌은 방 하나를 함께 헐어 입식 부엌으로 개조했고, 아궁이 수리, 방 수리, 도배 등 시작이 반이라더니 막상 손을 대니까 한 군데 두 군데 흠이 있는 게 아니라서 긴 시간과 노력과 경비가 들기도 했다.

얼마만큼 편리한 구조와 비바람과 추위를 막을 수 있게 되고 보니 더할 나위 없이 아늑하고 따사로워진 것은 사실이다.

집은 따뜻한 제 옷자락으로 우리 가족을 보호하고 맞아준다. 남향의 온기가 푸근히 창으로 와 머무는 시간이나 비바람과 더위와 추위가 닥쳐도 별 두려움이 없어진 것만으로도 나는 더욱 나의 집을 사랑하기 시작했다.

섬돌 밑의 귀뚜라미가 그렇게 울더니 요즘 들어 그 소리가 뚝 그쳤다. 어디로 갔을까? 땅속 깊이서 동면하는 것일까?

절후를 잘 맞추어 민감하게 사는 곤충들이 신비하다. 뒤꼍에선 올해도 큰 호박 한 덩이를 수확했다. 어느 집 돌담을 넘어서 뻗어 왔는지 그렇게 잡초들을 뽑고 장독대를 만드느라 땅을 파고 시멘트를 발랐는데도 한 줄기 덩굴은 뻗어 살찐 호박 한 덩이를 금빛으로 익혀 놓았다.

몇 그루의 나무와 여전히 애정으로 보살펴 주는 분盆의 향기가 집 안을 채운다. 몇 그루의 나무, 몇 개의 돌로도 집은 윤기를 머금을 수 있고, 삶이 맑아질 수 있음은 얼마나 다행한 일인가. 계절의 흐름을 내 좁은 뜰 안의 나무만으로도 충분히 예감할 수 있으므로 오늘도 추연히 가을 뜨락을 굽어본다.

요즘 들어 절실히 내 감정을 다스리는 이 감사로움 때문에 혼자 남을 땐 저절로 간절한 기도가 나온다. 남편에게 감사하고, 아이들에게 감사하고, 저 밝은 햇볕과 하늘과 땅 모두에게……. 그것은 분명 영혼을 다스리는 주主께로 연결되는 다리임이리.

홀로 식탁에 앉아 식사를 하기 전, 모든 일을 끝내고 자리에 들기 전 수시로 감사의 염念이 물살 짓는다. 아이들은 탈 없이 이 옷자락에 쌓이어 잘 자라고 나날이 꿈을 키우고 정서를 누리기도 한다.

영롱하게 반짝이는 별들의 눈매를 닮기도 하고 어린 벌레들의 노랫소리도 들으며 목련의 그늘에서 책을 읽는다. '사는 맛' 나도 이제 이런 맛이 우러나는 나이에 접어들었나 보다. 가장 가까운 사람끼리 목가적인 분위기에 섞여서 인생의 양지와 그늘에 익숙해지며 살아가는 것이.

아래채 기와지붕 위에 까치 한 마리. 희고 검은 색채의 조화는 한순간 먼 푸른 하늘을 배경으로 수를 놓은 듯한 완벽한 풍경으로 정지할 때가 있다.

마당에 놓인 수석 쟁반에 이름 모를 작은 새들이 와서 물을 먹고 깃을 씻고 가는 것, 그 예쁜 지저귐, 이런 모두는 큰 하늘을 바라보고 사는 집의 기쁨 속에 들어 있다.

이제 허술했던 집에도 옷을 입혔음에 마음 놓이고 깃들여 살 수 있는 공간이 있음에 감사한다. 영원한 나의 집이 잊을 수 없는 고향이듯 남아 있으라고 보살피고 닦아주리라. 홀로 있는 이 가을날 조촐한 색감으로 그려넣어보는 고향 집 하나.

헐벗지 않기 위해
나무를 심고
적막지 않기 위해
돌을 놓으면
나무며 돌로 크는 집

나무 잎새 휘파람과
돌의 가슴에
날마다 향이 도는 집이 잠겨
허술한 문짝
낡은 처마가
대궐로도 보인지고

아가야,
뒤뜰엔 호박 덩굴
올해도 맑은 새살이 돋고

메뚜기, 여치

어울려 노는

우리가 섞여 살긴 그저 그만인

가난쯤 탈이 아닌 줄

예 와서 알것다

　　　　　—〈집〉(1985. 11.)

　이렇게 〈내 고향 집·3〉을 새긴다. 두 아이가 맑게 성장하는 것을 지켜보며 우리도 나날을 이 울 안에서 길들여지고 있다.

PART 1

미륵산

몇 년 전 일이다. 홀로 미륵산을 오른 것이 난생처음, 그것도 한 가지의 행동을 실행하기 위해 약간의 모험적이고 익살스럽기조차 한 일로, 막상 산을 오르니 너무 호젓한 것이 외려 허술해서 혼자 온 것이 후회스럽고 긴장감마저 돌았다.

산행 중엔 차라리 아무도 만나지 않기를 바라며 오르는데 대낮인데도 어쩌다 나타나는 낯선 사람은 괴한이라도 된 듯 두려운 존재로 느껴져 내 곁을 스쳐 거리가 멀어질 때까지 마음이 놓이지가 않곤 했다.

그토록 익숙하고 멋스럽게 뚫린 길인데도 줄곧 마음을 졸이다 보니 좋은 줄도 멋진 줄도 모른 채 어서 용화사까지 무사히 도착할 수 있기만 바랄 뿐이다.

그때 내 집엔 남편이 어느 여행 중 사가지고 온 돌로 만든 불상이 하나 있었다. 불교를 믿는 이유로 사온 것이 아니고 흔히 만들어진 소품에 불과했으나 아무렇게나 구석에 방치해 둘 수도 없고 그렇다고 신주神主 모시듯 모셔둘 마음도 없기에 적당히 장식장 한 자리에 놓아두다 보니 매일 대하게 되어 별로 좋은 기분은 못 되었다.

불교를 숭상하는 불교도였다면 실로 공손히 합장이라도 하고 지냈겠지만 나의 종교는 가톨릭이었으니 십자가상과 성모마리아상을 우러러 기도해야 하는 입장에서는 언제나 꺼림직한 기분을 떨칠 수가 없었기 때문이다.

생각다 못해 그런 기분을 남편에게 얘기하고 처분할 수 있는 좋은 방안을 내린 것은 바로 아무도 몰래 용화사에 가서 법당 구석에 두고 오는 일이었다. 내 좋을 대로 하라기에 며칠을 벼르다가 용기를 내어 실행했던 터였다.

잘 싸서 안고 버스를 타고 종점에 내려 산을 오르게 되니 무슨 못할 짓이라도 하는 듯 한발 한발 옮겨놓을 때마다 '아, 산이 이렇게 좋은 걸' 하는 느낌보다 다급해지고 불안해서 편치가 않았다.

어느덧 용화사에 닿고 보니 절은 고요한 적막 속에 인기척 하나 없었고 섬돌 위에 스님의 것인 듯 하얀 고무신이 놓였음이 눈에 띄었을 뿐이었다. 뜰 안 마침 가까운 곳 나지막한 매화나무에 만개한 꽃이 극락의 화환처럼 피어 있음에 '오라, 저기 저 아래 이 불상을 놓으리라'하고 재빨리 다가가 갖고 온 불상을 풀어 살며시 놓고 돌아섰다.

그 두근거림이란, 아무도 보지 않았음의 안도감과 함께……. 불상을 제 올 곳에 오게 했는데 아주 잘된 일이라 여기고 어느 스님의 눈에나 띄어서 함께 기거해주길 염원하며 황급히 산을 내려왔다.

미륵산!

추억은 어린 시절부터 발길 닿아 맺혀 있지만 지금도 그때 일을 생각하면 웃음이 난다. 수려한 산의 자태, 알맞은 높이의 산봉우리, 큰 망꼴, 작은 망의 좋은 짝. 한려수도 맑은 물살에 산부리 씻기며 이 땅의 수호신인 듯 우리를 감싸고 있는 당당한 기품, 빼어난 능선의 아름다움은 가장 미더운 이 땅의 마음이요 얼굴이다.

예향藝鄕의 맥박이, 심장이 바로 이 미륵산이거늘 거기서 만난 한 송이 들꽃인들 무심할 수 없고 곳곳에서 솟아나는 약수에 목 축이며 고향의 젖줄을 맛본다. 용화사, 미래사, 관음사, 도솔암 등 우리 발길 닿는 신비에 싸인 산사는 어느 때 찾아가도 새롭기만 하다.

가까이 늘 마주치는 산, 그러나 그 속에 깊숙이 발 들여놓기는 나에게 일 년에 몇 번쯤으로 듬성하지만, 그 의연함에 물들고, 빛남에 마주치며 사는 법, 초연한 법, 침묵하는 법, 변함없는 그리움도 헤아린다.

이 가을, 멀리서 가까이서 그대를 배우고 알아보는 일로 높은 정상이 아니라도 좋은 품에 다급하고 불안했던 마음일랑 잊어버리고 신비의 기슭쯤에서 쉬어보리라. 속진의 부끄러움 씻어보리라.

미륵산! 떠나는 것들 위에 우뚝 새겨넣는 영원을 품은 산아! 멀리서도 낙엽이 쌓이는 소리를 듣는다.

PART 1

고려화랑 시화전

   때론 이런 날도 있어야 하리, 예고 없이 떠나는 가을의 끝자리, 그 무엇으로도 채울 수 없는 고독의 병, 앓고야마는 계절을 시와 음악과 그림이 만난다.
   해갈의 물기운 우리 영혼에 배어옴을 느끼며 아침 화랑에 섰다. 여기에 무슨 아쉬움이나 부족한 점들을 탓하랴. 그냥 이것만으로도 진실한 것, 아름다운 것, 인간다운 것 깨달음이면 족하다.
   텅 빈 화랑을 낮게 흐르는 선율은 아득히 먼 곳으로 멀어져 갔던 내 영혼이 돌아오는 발자국 소리, 나는 설레이듯 그를 영접한다. 저마다의 빛깔로 적막의 밤을 지새운 넋들. 색색의 등불 켜든 시인을 만난다. 상상의 꿈을 적신 붓을 본다.
   술렁이던 한산대첩 축제의 물결도 사라지고 빛바랜 낙엽이 발길에 밟히면 새삼 한 해를 돌아보는 수그린 마음이 되어 내 지닌 것의 감사와 희로애락의 커튼을 내린다.

 더러 못 견딜 상흔조차 치유의 세월에 씻겨 삶의 자양분이 되고 적당한 외로움 적당한 아픔끼리는 들뜨지 않는 내면의 표정으로 굳어간다. 총총히 사라지는 세월의 뒷모습. 그 차디참에 주눅 들린 결별이 있을 뿐이다.

 보라, 이 가난한 마음의 축제를, 혼신을 다한 생명의 몸짓을. 날개가 없어도 창공을 날으는 가슴이 있고 뿌리 굳건히 일어서는 나무가 되는 고단한 생애를 돌처럼 굴러도 단단한 자존이 있어 아픔을 피하지 않는다.

 밤을 꿇어 기도하는 어깨 위 양심의 깃발 청정淸淨히 휘날리며 비수의 칼날로 사랑과 고뇌의 흔적을 새긴다. 고독한 작업의 고통을 넘는 희열에 살아 있음의 최상의 목적을 건다.

 여기 작은 등불 하나. 애잔한 시의 눈매로 꽃의 눈물을 보아버렸으니…….

> 꽃이여,
> 더디 더디 피어라
>
> 하늬바람에도

가슴 죄임은

오직

네 봉오리 탓

봄비 여린 손이 행여 볼을 부빌까

볼 부빔에 소스라쳐 눈 뜰까

기다림은 너무 길었어

떠난 후

남은 이파리끼리

슬픔은 너무 깊었어

그걸 아는 까닭에

그 빈자리에

눈물 고임을 본 까닭에

꽃이여,

더디게 더디게 피어라

—〈꽃에게〉 전문

나는 꽃들의 편에 서서 애달픈 혼 그 그림자까지 사랑하리라. 시와 음악과 그림의 이랑에서. 이 시간 우리에게 한 모금 해갈의 물기로 닫힌 창을 열게 하였음을 복되다, 복되다 여기며.

  네가 가고 또 내가 가는 11월의 스산한 길에서 한 장의 나를 실은 엽서를 그대에게 띄운다.

PART 1

떠나고 남는 것

　신선한 설렘으로 다가서는 가을 기운을 만난다.
　이맘때쯤이면 가라앉기 시작하는 태양의 열기와 더불어 우리의 마음도 차츰 순연해지기 시작하는 것이다. 성하盛夏의 계절에 치솟던 열기도 불쾌지수도 차츰 누그러들어 까닭 모를 적막이 엄습하기도 한다. 좀 더 스산해지는 깊은 가을이 오기 전 떠나고 남는 것들에 하나씩 길들여져야 함을 느낀다. 허접스레한 일상용품에서부터 마음까지도 청정한 가을 햇살에 널어 말릴 것을 말리고 접어둘 것은 접어두어야 할 때가 아닐까. 무딘 붓도 다듬어 스쳐가는 공허로움에 한 획 지워지지 않는 영혼을 새겨둠도 잊지 않아야 할 때가 온 것 같다.
　떠나고 남은 이 끊임없는 순리順理. 홀연히 사라지는 것들은 생성과 소멸에서 오는 것임에. 계절은 계절대로, 사람은 사람대로, 온갖 희로애락이 끊일 사이 없기에 무상함이 더욱 심층을 파고든다.

올여름 친정어머니는 40여 년 거의 전 생애를 몸담고 살아왔던 집을 떠나 아파트 한 칸을 사서 이사를 가셨다. 유난히 버리지 못하는 성격은 병이리만치 강해서 우리들의 어린 시절의 신발에서부터 옷가지, 오래된 가구, 잡동사니, 어머니의 손길이나 우리가 쓰던 것들이며 이 구석 저 구석 넣어놓고 쓸모없고 낡아 미관을 망쳐도 그것을 속시원히 내다버리거나 치우지 않아 우리 형제들은 늘 못마땅해했고 그런 일로 화제를 꺼내면 권유하다가 거절당함은 물론 우리마저 없애지 못하게 해 아예 포기하고 말아버리곤 했다.

그렇듯 몇십 년을 버리지 못하던 묵은 짐과 삭을 대로 삭은 옛것들, 묵힌 추억마저 하루아침에 다 버리고 필요한 것들만 담아 싣고 이사를 하신 것이다.

그 어렵던 시절에도 팔지 않고 버티어 왔던 집이었고 어머니의 생애와 우리들의 어린 시절을 끌고 온 삶의 수레바퀴가 너무나 깊이 박힌 집이었기에 미련과 아픔, 간직했던 정 때문에 많이도 우셨다. 어느 때고 한 번은 버리고 떠날 일이언만 살아생전에 떠나지 않으리라던 집이었기에 당신의 슬픔은 더욱 컸으리라. 나 역시 쉽게 단안을 내려 팔고 만 것이 영 믿어지지가 않았고 실감도 안 나다가 오늘, 파아랗게 뒤집어쓴 페인트 칠 때문에 내 친정집이었고 아이들의 외갓집인 저 집이 비로소 남의 것임을 확인케 된 듯하다.

그동안 벽을 헐고 구조를 바꾸고 하는 양을 곁에서 빠안히 보고 알았는데 이런 감정이 들기까진 않더니 집 외양을 파아랗게 입히고 보니 참으로 묘한 기분이 든다.

여지없이 부서지는 추억들. 차례로 그 집에서 출생하고 자라 출가한 형제들. 부친과 남동생을 잃은 집. 젊은 어머니가 할머니가 되기까지 사셨던 집. 해맑은 시절의 꿈을 키우던 집. 날이 갈수록 낡아가도 너무 깊은 연이 있어 가슴속 고향이던 집. 깡그리 밀어부치고 아예 새 건물이 들어섰다면 을씨년스럽게 남아 있는 저 흔적이 지워지고 묻힌 정마저 잊힐 일이던가. 몸체는 그대로 두고 군데군데 성형수술이다 보니 지나간 삶마저 넘겨다 보면 보일 것 같고 문을 열고 들어서면 어머니가 계실 것만 같았는데 이제 저 푸른 빛깔이 뚜렷이 확인시키듯 버티고 있는 마당에야 나는 애써 너를 잊어야 한다.

너에 비치는 과거를 보지 말아야 하고 생각조차 지워야 한다. 저 생경한 빛깔에 추억을 담을 수 없고 달라진 창문에서 정겨움을 읽을 수야 없는 일.

아침에 피어 저녁이면 시드는 꽃과 같다는 인생을 떠올림은 삶이 뜬구름임을 자인하는 나이에 이르렀음이니. 떠나고 남는 것, 손 들어 배웅하는 이의 마음으로 떠나는 것을 보낸다. 사라짐과 남는 것의 냉혹한 별리別離! 때 절은 생애의 끝은 싫어도 다가온다. 홀로 돌아갈 길임을 이 세상 여정은 말하고 있다. 쓸쓸한 이 부대낌을 이겨내기 위해서라도 남아 있는 저 집의 형체를 보고 또 보면서 잊는 연습, 떠나는 연습에서 길들이자. 알 수 없는 마감의 그날을 위해서.

까닭 모를 슬픔이 밀려오는 날, 무딘 붓을 꺼내 한 장의 맑은 가을로 싼다. 조용한 붓의 마음이 담긴다. 마음의 조각을 싸서 둘 이 은혜마저 누구의 것도 아닌 나만이 것이기에 꽃씨처럼 비장하고 싶다. 떠나고 남는 것의 마지막 위로이고 싶다.

PART 1

추억에서

흐드러지게 만발한 해바라기 꽃밭에 묻혀 찍은 사진 두어 장은 이번 순례의 길에서 얻은 소중한 유산에 속한다.

미리내!

성지순례의 길을 더듬어 가는 동안 닿은 곳이다. 하늘과 교신交信하는 땅. 내 나라 한구석 깊숙이 자리하고 숨은 듯 묻혀 있어도 숭고한 신앙의 피는 식지 않고 흘러 순례자의 가슴 물들이고 뜨거운 신앙의 물결을 이루게 한다. 내 순례의 길 중 가장 절정인 하이라이트가 바로 이곳이었음을 느낀다.

나사렛 청년 예수 그리스도가 인류의 죄를 대신하고 인류를 구원하기 위해 십자가상에서 죽임을 당하시기 전 40일 동안 기도하시던 겟세마네 동산의 모습에서 고뇌의 기도로 피땀 흘리셨다는 주님을 깊이 묵상케 해 주었고, 고통과 비통이 깔린 십자가의 길이 그러하였다.

상처와 피로 얼룩진 예수 그리스도, 사랑하는 아들의 시신을 품에 안으신 성모 마리아의 고뇌와 슬픔에 찬 모습을 모신 곳에서는 살아계신 실체를 보는 듯한 애절함에 가슴 저미는 아픔이 일었고 발길조처 떨어지지가 않았다.

한국 천주교사상 오늘을 있게 하신 거룩하신 성인성녀의 시신을 모신 곳이기에 나무 한 그루, 풀 한 포기, 흐르는 물, 돌멩이 하나에도 넋이 서린 듯 순교의 정신이 느껴져 예사롭게 보이지가 않았다.

맹더위 속을 헤매이는 8월의 긴 순례! 그러나 그것은 아무 고됨도 아닌 복된 여행에 불과할 뿐이었다. 가는 곳마다 숙연해지는 마음은 부족하고 부끄러운 우리네 신앙을 돌아보게 하고 새롭게 덥힐 수 있었음도 크나큰 은총이며, 특별한 부르심이라 여겨본다.

미리내는 은하수銀河水라는 말이기에 견우와 직녀의 애틋한 만남을 위해 오작교를 놓던 그 은하수라 생각되기도 하겠지만 지상地上과 천상天上을 잇는 신앙의 다리를 뜻함은 아닐는지?

동상으로 조각된 예수님의 고행의 길이었던 십자가의 길 14처를 묵상 조배하며 오르는 동안 수난의 현장이 선연한 가까움인 양 느껴져 비감에 젖곤 했다.

내게 지어진, 나의 십자가는 무엇인지? 나날의 삶이 바로 내 십자가가 아닌지…….

형벌일 수도 있고 영광일 수도 있는 이 나의 십자가를 위해 어떻게 살아가야 할까를 생각한다. 이 세상 나를 보내신 이의 뜻으로 살다가 남겨놓은 나의 흔적, 빈손으로 떠남이 있을지라도 맑은 영혼 한 장은 두고 가고 싶다. 그것이 바로 내 십자가이리니.

자신들이 손수 일구어 가꾸는 들머리에 고운 비둘기 몇 마리 석양을 받고 앉아 있는 듯 미리내의 수녀님들은 내 시야에서 오래오래 기억되는 아름다움이었다.

우리에게 신선하게 비치는 저 아름다움 속에도 진정 고뇌와 갈등은 있으리라 생각되지만 저런 분들이 계시기에 우리 가톨릭이 더 맑고 신비로워 보임은 사실이다.

우리나라 천주교 최초의 신부님이셨던 김대건(안드레아) 신부님의 묘, 한국의 성모님이시라 여겨지는 김대건 신부님의 어머님(고高 울술라)의 묘, 새남터에서 참수 순교하신 김대건 신부님의 시신을 17세 소년의 몸으로 온갖 고초를 무릅쓰고 밤을 낮삼아 200여 리 산등성이만을 넘어 떨어진 머리는 가슴에 안고 목 없는 시신은 등에 업고 이곳 자기 선산에 모셔와 안장하신 이민식(빈첸시오) 님의 묘 등 인간의 힘만이라고는 결코 믿을 수 없는 이 모든 기적이 참사랑의 실체가 되어 생생히 보존되어 있는 이곳은 아픔과 성스러움의 극치였다.

 마음껏 선택이 가능한 신앙의 자유 속에 사는 우리는 복되다. 보잘것없는 믿음으로, 내 기분대로 내 편할 대로 살면서도 부정과 불신, 미움과 시기가 들끓고 사랑과 평화를 입으로만 말할 뿐 실천하지 못하는 욕된 우리가 과연 신앙을 가졌다고 이분들께 고할 수 있을지…….

 하나밖에 없는 목숨을 초개(草芥)같이 버리고 참수, 능지처참, 도리깨질 등 상상만 해도 몸서리쳐지는 참혹한 죽음을 당하면서도 선교에 몸 바쳐 한 알의 밀알이 되신 성인, 성녀들의 신덕은 그 어떤 절대자의 힘이 아니고는 행하지 못할 기적임에, 특별한 소명(召命)이 아니고서야 이루어질 일이 아니라고 본다.

 저녁 으스름을 타고 올라 어둠이 깔린 길을 내려오면서 맑아지는 심혼(心魂)의 열림에 성가(聖歌)가 절로 흘러나왔고 숨막힐 듯 조여오는 짓누르는 감동이 눈물로 변하기도 하였다.

 이 극명한 일들이 내 겨레 내 교우들의 일이었으매 이를 믿고 가톨릭을 신봉하고 사랑하는 한 가슴 깊이 아로새겨 신앙의 양식으로 삼아야 하리라.

 현세에도 단 하나의 소중한 생명을 희생과 사랑으로 사시며 신앙의 다리를 놓아 주시는 모든 성직자들께 감사의 기도를 바친다.

 영혼은 육신보다 아름다운 것! 만남의 은총 속에 은하의 별이 흐르는 동안 미리내는 살아서 그리는 그리움이 되리라.

  모두가 무산된 내 필름에서 오롯이 건져낸 흔적, 두어 장의 사진이 영원한 해바라기로 피어 추억을 열어줌에 잊힐 리 없는 은총과 신비에 물든 마음을 꽃송이마다 묻어두리라.

  묵묵히 지고 갈 내 십자가와 함께.

PART 1

찻집에서

 멀어진 날의 뒤안길에서 넌지시 감겨드는 옛 생각에 발길이 닿는 곳. 진작에 한 번쯤 들러봄직도 했으련만 차 한 잔인들 이곳에 서라면 그냥은 나눌 수 없는 의미를 지녔기에 문우인 그녀와 함께 이 찻집에 들렀다.
 이름하여 '고유찻집'. 한산한 찻집 문을 열자마자 코끝에 닿는 향긋한 다향茶香. 제법 운치를 돋우는 공간에 놓인 탁자가 먼저 마음을 끌어당긴다. 실내를 찬찬히 뜯어보니 고전적인 멋을 일구려 애쓴 흔적이 엿보인다. 고즈넉한 분위기에 넉넉히 앉아 있고픈 기분도 생긴다.
 도자기 집기를 담아놓은 여물통 모양의 탁자 위에 놓인 설록차를 몇 번씩 따라 마시며 고유차의 맛을 음미한다. 조용하고 정이 깃든 음성을 지닌 그녀와의 만남이었기에 한결 정감이 어리는지도 모른다.

이 찻집은 원래 내 친정집 마당이었다. 우리가 이름 지어 부르던 고리문 쪽에 속한다. 마당의 반 이상을 차지한 이 넓이 속엔 내 어린 성장의 발자국이 찍혀 있어 유별난 감정이 인다.

낡은 담장엔 향기로운 하얀 꽃을 피게 하던 덩굴이 걸려 있었다. 꽃을 따서 꽁무니에 혀를 대면 아주 달콤해 나와 동생들은 곧잘 그 꽃을 따서 입에 물기를 잘했다. 더 어린 날을 살피면 화단 끝 쪽엔 닭장이 있었고 가끔 암탉이 낳은 따스한 계란을 만져볼 수가 있었다.

굴뚝 옆에 서 있던 한 그루 석류나무는 해가 더해도 항상 그 정도의 크기로 꽃을 피우고 몇 개의 열매를 달았을 뿐 듬직히 익어가지 못해 언제나 내 기대를 저버리곤 했다. 그래서 알알이 투명한 보석을 품은 석류를 따본 기억이 없다. 특별히 가꾸지 않아도 철따라 잘도 피던 옥매화, 달리아, 맨드라미, 분꽃, 봉선화, 단국화, 채송화 등 어디서나 흔해 보이던 꽃들이 우리 집 꽃밭에도 가득했었다. 어린 마음에도 이 꽃들을 보며 계절의 변화를 짐작했으니까.

마당 안쪽엔 장독대, 장독대 곁엔 큰 무화과나무(방맹이), 나무 아랜 우리들의 소꿉놀이, 이런 정경들이 반짝이는 햇살처럼 환하다.

세월은 흘러갔고 나무들도 꽃들도 사라지고 우리는 제가끔 떠나가고 황폐해진 마당. 어머니마저 떠나가신 집터에 무슨 간판이 걸려도 흥미조차 일지 않더니 어수선해진 쓸모없는 마당을 개조해서 이렇게 아담한 고유찻집이 등장하고 보니 들어가서 차라도 한 잔 마셔야겠다는 충동이 어찌 일지 않으랴.

마당의 추억, 가라앉았던 옛일들이 고개를 든다. 집을 팔고 이사 후 마지막 쓰레기 더미 곁에 나둥그러져 있던 깨어진 항아리 하나를 간신히 건져 정성 들여 씻고 접착제로 붙여 제 원형을 되찾게 했다. 하늘빛 무늬가 몸 전체에 그려진 연회색 단지. 낡아서 고물장수도 탐내지 않았기에 던져버렸던가.

마침 이사 때 우리는 여행 중이어서 그 마지막 정경들을 보지 못했다. 무엇을 버리고 무엇을 남겼는지조차……. 다만 버려져 깨어진 단지 하나가 유일한 유품으로 내게 남았을 뿐이다. 돈 될 만한 것이 되지 못했던지 그렇게 이틀씩 설쳤다는 고물장수도 거들떠보지 않았나 보다. 그러나 내게는 소중하고 아름다운 것이었으니 그 후 안방 눈에 잘 띄는 곳에 올려놓고 마른 연밥과 진달래꽃 가지를 담아두고 있다.

여섯 살 적인가 유치원에 다녔을 때니까 구멍 난 공을 발끝에 끼운 채 끓는 밥솥 위 방문턱에 서서 문을 잡고 발을 흔들고 놀다가 덜컥 떨어져 솥 위에 올라앉았다. 까만 무쇠솥이었다. 부엌엔 오빠와 일하는 언니가 있었는데 그 지경이 된 나를 보고 웃기만 하고 뜨거워 죽겠는데도 얼른 들어내지 않아 더 많이 화상을 입었다고 기억된다.

짧은 치마를 입은 맨살로 뜨거운 솥뚜껑 위에 떨어졌으니 오른쪽 종아리부터 살이 닿는 곳은 전부 벌겋게 되더니 금세 물집이 생기는 것 같았다. 중학교 일학년쯤이던 오빠는 나를 부축해서 마당 구석 고리문 쪽에 앉히고 부채로 슬슬 데인 곳을 부쳐주었다.

나는 놀라고 아파서 우는데 오빠는 부채질을 해주면서 걱정을 하다가도 한 번씩 웃는 통에 더 속상하고 화끈거렸던 기억. 다행히 이내 이미니가 오셔서 보시고 새빨리 약을 바르고 병원에 가고 한 때문에 며칠 후 붕대도 풀었고 점차 화상의 흔적도 찾을 수 없을 만큼 잘 나았다. 자라는 동안에도 간혹 어머니는 그런 얘길 하시곤 웃으셨다.

이 마당이 안고 있는 추억들은 웃을 듯 울 듯 드러내며 옛 생각에 잠긴다. 잊으려 다시 한 모금의 차를 들이마신다. 밀물지는 지난날의 아슴한 기억들이 음악을 타고 흐른다.

가다 오다 그리우면 다시 들를까. 다행히도 마당이 찻집이었기에 이렇듯 만나 고요히 추억의 뜰을 거닐 수도 있지 않은가.

두고 떠난 것에 연연함이 많은 가슴을 오늘은 결 고운 차 향기로 채운다. 이제는 지나치다 들르는 길손. 길손의 마음으로나마 이따금 이 문간에 들러 쓸쓸한 뒤안길 둘러보고 싶다. 고리문이 아닌 찻집의 문을 닫으며 그리운 추억을 덮는다.

두고 떠난 것에 연연함이 많은 가슴을 오늘은 결 고운 차 향기로 채운다.
이제는 지나치다 들르는 길손.
길손의 마음으로나마 이따금 이 문간에 들러
쓸쓸한 뒤안길 둘러보고 싶다.

2006. 10. 21

PART 2
나에게 쓰는 편지

PART 2

45분의 꿈

  땅에서 발을 뗀 공중곡예의 45분, 정확한 기능의 몸체와 안전장치의 날개를 달았건만 그건 분명 곡예이리라. 사천에서 서울까지의 비행은 땅에서 견뎌온 온갖 것으로부터 벗어난 창공을 향한 청량한 도피였다. 이것이 네 번째 비행이지만 이번엔 동행하는 그 누구도 없이 오로지 혼자임을 외려 즐긴다.

  높은 산에 오르면 망연해지고 너그러워지던 심사보다 더욱 짙은 초연함에 휩싸여 차츰 내 날개는 비상하기 시작한다. 연둣빛 초원을 가르며 번쩍이는 은빛 날개를 편다.

  땅과의 별리에 설레이는 육신의 기쁨으로 날아가는 새가 되어 아득히 멀어지는 지상과의 교신을 하나씩 끊는다. 인간의 자취가 여기저기 널려 있는 모자이크식 논과 밭의 모양새, 굵고 가는 실처럼 구부러지고 꼬여 있는 길과 검푸른 강줄기하며 거무칙칙한 산과 숲들, 성냥갑보다 작아 보이는 건물들이 멀어질수록 연민으로 비친다. 지금 나는 구름보다 높이 솟아 하늘 가까이 온 셈이다.

다시 별의 눈으로 세상을 굽어본다. 인간사를 한눈으로 내려다보는 별이 되어, 아니 하느님의 시선이 되어 당신 섭리로 지으신 지상을 살핀다. 과연 당신 보시기에 좋았던 대로 되어가고 있는지…….

저 작은 것들이 재주껏 사는 세상을 바라볼 때의 하느님 마음을 상상해 본다. 아무렴, 인간이 인간의 땅을 떠나와 내려다보아도 연민스러운데 하물며 하느님 마음으로야. 새와 별이 되어 창공에 솟고 보니 어릴 적 접어 날렸던 종이비행기의 꿈을 지금이사 이룬 듯한 감회에 젖는다.

종이비행기. 그건 어릴 적 누구나 날려보고 가져 보았던 유년을 담은 꿈의 날개였다. 날려 보고픔직한 종이만 있으면 재빠르게 간단히 접어서 힘 자라는 데까지 던져올렸지만 겨우 장독대를 넘거나 낮은 담장을 넘어가는 정도의 짧은 낙하. 안타까워하며 날리고 또 날려도 이내 곤두박질치던 유년의 장난기와 쓸쓸한 꿈이 실린 그 비행기가 이제야 창공을 훨훨 날아 서울을 향한다.

산을 넘고 강을 건너 날아가는 종이비행기의 늦은 비상이 어린 마음의 빛깔과는 너무나 다른 불혹의 나이로 퇴색되어 있음을 본다. 무지개를 꿈꾸던 설렘은 그대로 무지개에서 끝나고 만 허공에 한 남자의 아내로 두 아이의 어머니로서의 상像을 세울 뿐이다. 실지로 너무 많은 삶의 산과 강을 넘고 표류해서 살아온 반생애의 행로를 돌아본다.

　행복론의 시구를 빌리지 않더라도 행복은 결코 먼 존재의 것이 아님을 바로 아는 지혜라도 터득했다는 얘기일까.

　45분의 곡예는 무사히 목적지를 향해 서서히 막을 내리기 시작한다. 창공에서도 줄곧 땅을 향해 뻗쳐 있던 내 시각, 촉각, 지각……. 끊을래야 끊어지지 않는 땅과의 교신에 새삼 인간임을 확인한다. 아직도 사랑할 인연이 있고 그리워할 그리움이 깔려 있는 지상을 향해 활짝 폈던 날개를 접는다.

　곱고 연약한 것들이 많은, 그래서 더욱 애잔한 정을 맞대고 살아가야 할 내 태어난 세계를 향해. 남은 생애를 땅의 한구석에 핀 풀꽃에나 비할 목숨일지라도 주어진 곳에서 더 기릴 바 없는 감사로움으로 나날을 쓸까 한다.

　종이비행기의 꿈이 바로 현실이었음을 내 유년에게 가만히 일러준다. 착륙하는 비행장에서 맨 먼저 눈에 띈 클로버와 민들레가 순한 바람 속에서 웃고 있다.

　날으는 비행보다 다소곳한 기다림의 순정을 지닌 채. 가라앉아 갈수록 45분의 꿈이 내딛는 또 하나의 세계는 더 긴 여정이 기다리는 내가 향해야 할 지상의 길인 것이다.

PART 2

장미 무덤

그 고운 꽃을 떨어져서 죽고
나 또한 죽어 땅에 묻히면……

장미를 쓸면서 저절로 흘러나온 노래다. 노래 속에 묻어주듯 장미의 무덤을 만든다. 줄장미 아래 수북이 쌓는 장미 무덤, 가지가 만발한 진홍의 꽃이 발아래 새로 생긴 꽃무덤을 내려다볼 때의 마음을 생각한다. 바깥 마당은 오늘따라 온통 핏빛이다. 선지피처럼 뚝뚝 떨어진 꽃잎이 오월의 가슴을 어룽지게 한다. 그냥 버려두기도, 쓸어서 쓰레기통에 쑤셔 넣기도 안 될 일이다. 고작 스러지는 꽃잎을 위해 노래 속에 담아서 화단 한 귀퉁이 내려주는 것으로 석별을 고한다. 장미에 묻혀 있는 동안 한 생각에 머문다.

그 집은 어린 마음을 끄는 아름다운 집이었다. 여중 3년 동안 오르내리던 관창골 여황산 기슭에 자리잡고 있던 학교의 등하교 길에서 만나지던 집. 고요하고 은은한 향기를 품고 있는 듯한 집이었다. 안마당으로 들어가는 긴 꽃길을 열어주는 작은 나무대문과 야트막한 지붕 아래 들창문이 달려 있던 조촐해 보이지만 정갈한 느낌의 집이었다.

페인트 칠이 좀 벗겨진 대문 위로 붉은 줄장미가 둥글게 아치를 이루고 있었다. 그것은 마치 꽃굴을 연상하기도 하고 화려한 화관을 두른 것도 같아 보였으니 어린 소녀의 눈엔 아름답기 그지없는 정경이었다. 그러나 그 긴 3년 동안 한 번도 나는 그 집에서 사는 사람을 본 적이 없었다. 집안을 기웃해 보아도 사람의 기척이나 그림자조차 얼씬하지 않았다.

그 집에 살고 있을 법한 어른이나 아이는 나의 상상 속에 있었을 뿐이다. 그렇게 바라보고 지나치면서도 일년 중 가장 마음을 끌던 때는 줄장미가 피던 오월이었나 보다. 이른 아침 햇살에 살포시 망을 틔우던 봉오리들, 그 볼에 돋아 있던 고운 이슬들의 신선함에 나도 몰래 발이 멈추어지고 짧은 탄성이 새어 나오곤 했다. 어느 날인가는 하굣길에 한 번만이라도 저 어여쁜 장미의 굴로 끼어 들어가 보리라 마음 먹고, 두서너 개의 돌계단을 올라 살금살금 몇 발자국 꽃대문을 들어섰다. 나무와 꽃들로 거의 마당을 차지한 집

안을 휘이 둘러보곤 황급히 되돌아 나왔다.

행여 주인에게 들킬세라 재빨리 뒷걸음질을 쳤던 것이다. 다행히 누구의 눈에도 뜨이지 않아 내 작은 소망은 이루어진 셈이었고, 미소 짓는 추억이 되어 떠오르곤 한다. 알고 보니 그 집은 우리 고장 출신의 원로 시인이신 K선생님 댁이었다.

시인의 집이라서 그런지 그 집은 그로 하여 더욱 아름다운 신비에 싸여 있는 것만 같았다. 교과서에서 먼저 만난 시인 선생님이었지만 한 번도 가까이서 뵌 적이 없다가 어른이 다 되어서야 서울의 어느 화랑에서 뵙고 간단한 인사까지 나눌 수가 있었다. 사모님도 그때에 처음 뵈었는데, 그곳에서 나는 두 분이 사셨던 장미의 집을 떠올렸고 추억과 함께 이분들의 젊은 날을 그려보기도 했다.

어쩌다가 나도 시인이 되어 그와 같은 줄장미의 반겨줌을 받으며 우거진 장미덩굴 아래로 들고나는 기쁨도 누린다. 장미를 가져 이렇듯 현란한 꽃에 취하기도 하고 꽃잎을 거두며 어떤 슬픔조차 지니게 될 줄이야. 아름다운 것들의 뒤안길. 낙하하는 꽃을 이 봄 나는 유난히 아프게 바라본다.

인생의 저묾도 저 꽃과 같거늘 언젠가 나도 저 꽃처럼 져서 한 무덤에 묻히면 내 자는 곳 돌아보아 줄 사랑하는 사람을 갖고 싶다. 사무치는 기분으로 다시 노래를 잇는다.

장미여! 네 누구를 위한 사모였기에 몸 사려 가시 돋친 곧은 몸

속으로 이토록 붉은 열정을 토하는가. 불붙는 사랑 짧게 나누고 이윽고 눈물처럼 떨어져 내리는가. 네 비록 사라진다 하여도 내 망막에 아로새겨 놓으리니. 내가 돌보는 어설픈 네 무덤이 땅속 깊이 저물 때까지 고운 모습 기억하며 간간이 노래하리라.

  아 목동들의 피리 소리들은…….

PART 2

모란 대접

소복이 마른 대추가 담겨 있는 그릇을 바라본다. 오랜 기다림 뒤 그리움끼리의 만나짐일까. 그릇은 비어 있는 동안 텅 빈 가슴을 채울 그 무엇을 못내 기다렸다는 듯이 흐뭇한 모습이다.

몇 해 전 저녁 준비에 분주한 내게 남편은 사기 그릇 한 개를 넙죽 내밀었다. 부엌에 두고 필요할 때 쓰란다. 유난히 옛것에 연연해 하는 그의 눈에 띈 게 분명하다.

도공의 정성이 서린 도기 그릇이었는데 고전의 빛이 세월만큼 서려 있었다. 옛것이라 귀히만 여겨져 일상의 그릇들을 제치고 찬장 속 빈자리에 들여놓았다. 차분한 회백색의 큼직한 대접 안팎으로 벙근 모란 송이와 봉오리, 잎새가 자연스럽게 섞인 사이로 뻗은 가지가 청색 농담濃淡만으로 섬세하게 그려져 있었다.

아무것도 담아보지 않은 채 몇 년이 흘러갔다. 잊힌 듯 그렇게 한 곳에만 두었다가 아파트로 이사 온 후에야 비로소 검은 피아노 위에 올려놓았다. 흰 벽을 배경으로 놓이자 제 빛깔이 되살아났다. 간간이 피아노 앞에 앉을 때마다 왠지 마음이 쏠린다.

'모란 대접' 내가 붙여 본 이름이다. 활짝 핀 꽃잎 같은 이 그릇 속을 문득 무엇으로 채워보고픈 마음이 일기 시작했다. 집 안을 둘러보니 낡은 바구니에 마른 대추가 있었다. 마침 잘 어울릴 것 같아 맑은 물에 대추를 씻어 건져 물기를 뺀 후 그릇에 쏟아부었다. 그리움에 아린 살이 주름지고 검붉어진 대추야말로 좋은 제짝이었다.

그릇 속의 모란이 내심 그를 반겼고 바깥의 모란이 감싸주듯 그를 둘러 주었다. 길고 긴 기다림 끝에 만난 기쁨이 꽃잎 속에서 달게 익어 간다.

꽃의 여왕이라 불리어지는 모란. 봄날 고궁의 뜰에서 만나면 왕녀인 듯 눈부셨다. 풍성히, 운치 있게 친 동양화에서는 향기가 나는 듯도 했다.

모란이 피기까지는 기다림을 안고 산 시인의 가슴을 안다. 영랑은 그의 시에서 "모란이 지고 말면 그뿐 내 한 해는 다 가고 말아……."라고 읊었다.

나 또한 찬란한 슬픔의 봄인 모란이 좋아 지난날 라디오 드라마

내가 담을 수 있는 그릇,
바로 '나'인 이 그릇의 질감과 모양새를 더듬어 본다.
과연 무엇으로 이를 채움이 내게 알맞은 어울림이 될까.

였던 '모란이 피기까지'의 주제가를 계절에 취해 불러보기도 한다.

 청빛 모란 속 붉은 꽃씨인 양 꼭꼭 박힌 대추는 더없는 어울림이다. 초가지붕 위 하얀 박꽃, 그 꽃 이운 자리에 해맑은 박덩이, 한여름 밤 호박꽃 속의 반딧불, 이슬 맞은 산도라지 한 아름 안고 있던 옛 항아리, 알맞은 촉수의 백열등을 포근히 가려주는 전등갓……. 이런 감동적인 작은 어우러짐들을 생각한다.

 나도 저들처럼 내게 어울리는 것들을 담고 있는 걸까. 한갓 오지그릇에 불과한 내 보잘것없음으로 행여 분수에 넘치는 것들을 담고 있지나 않은지.

 신이 주신 과분한 처사에 진실로 감사한 적 있었던가. 못 담을 것들로 어지럽게 채워져 있는 것은 아닌지. 한 개의 그릇이 주는 담을 수 있고 담겨지는 것의 의미, 그 모든 의미는 뜻깊다. 내가 담을 수 있는 그릇, 바로 '나'인 이 그릇의 질감과 모양새를 더듬어 본다. 과연 무엇으로 이를 채움이 내게 알맞은 어울림이 될까.

 그냥 주어진 대로 만족하며 따스함이나 지니면 족하랴. 제 결대로 누벼오지 못한 세월 속에 담겼던 지난날들을 생각한다. 바라건대 남은 생애 기다림의 내 그릇에는 적막을 사랑하는 들꽃으로나 풍성히 채워졌으면 한다.

PART 2

기다림

    바다가 훤히 바라보이는 창 앞에 턱을 괴고 앉았다. 남빛 잔잔한 바다를 가르는 배를 따라 흰 물살이 인다. 그린듯이 홀로 뜬 공주섬에 조각배 한 척이 닿는다. 낯익은 경치에 흘려보내는 선율의 이랑으로 잊었던 감동이 되살아난다.

    여름을 지나면서 베란다의 작은 분엔 풀 한 포기가 발 붙여 돋고 있었다. 분재에 물 주기를 하는 동안 모서리에 겨우 선 풀도 눈치껏 자랐다. 바람의 끝에 실렸다가 떨구어진 씨앗에서 움텄나 보다.

    아무거나 쉽게 내다 버리지 못하는 내 습성 때문에라도 손끝 한번 대지 않고 그냥 지켜보며 먼발치에서 모른 척 물만 먹여 주었다.

줄기는 넘실거리는 잎새를 거느리고 울대 뽑듯 솟아오르더니 어느새 반 자도 넘었다. 분재의 관상으로 보자면 그 옆의 후줄한 잡식물은 무뢰한이나 다름없지만 아파트 10층까지 올라온 것이 기특하기만 했다.

 풀잎 한 가닥도 순수한 자연의 한 부분임에 나는 외려 반겼다. 그러나 그냥 키만 멀쑥한 것이 을씨년스러워 어쩌다 눈에 띄면 봐줄 정도였다. 이슬 한 방울 맺어보지 못하고 사는 내 집 나무들이 애처로워 때로는 이슬로 여겨지라고 가만가만히 물을 내린다.

 고무호스에 달린 분무기로 물을 주다가 그 사이 한 자로 훌쩍 커버린 풀포기와 마주했다. 순간 나의 놀라움은 지극한 기쁨으로 변했다. 자연의 신비에 절로 고개 숙이는 겸허한 순간이었다.

 줄기 끝에 함초롬히 맺힌 여럿의 꽃숭어리. 어린 꽃을 받쳐주는 꽃잎새 둘은 날개 핀 나비인 양, 조롱인 꽃술은 어여쁜 족두리에 하르르 달린 꽃수술 그대로였다.

 초록 대궁 아래로 노랗게 흘러내린 수술 가장이엔 선연한 자줏빛 선이 둘렸다. 수줍은 듯 고개 숙인 대여섯 개의 꽃숭어리……. 당당히 치켜 선 것이 아니라 살포시 고개 떨굼은 새색시 부끄러운 그 아리따움이다.

 씀바귀에 속해 보이는 이 풀꽃을 나는 '족두리꽃'이라 이름한다. 서른한 평 좁은 아파트로 옮겨 온 지금, 저 바다는 나의 뜰이요, 우리 집 마당이다. 창밖은 온통 움직이는 그림으로 이어진다. 언제 보아도 좋은 바다엔 깜박이는 등대와 더불어 수포 같은 별이 빛나고 일출과 일몰로 물드는 찬연함을 실은 풍경화를 환히 지켜보는 위치에 그녀도 서 있다.

물기 머금은 여린 몸매에 감긴 애틋한 기다림에서는 어떤 비감마저 서린다. 이제 막 신랑과의 초례청을 맞기 위해 흰 무명이 마당까지 깔린 섬돌을 딛고 나붓이 내려설 기미다.

어린 날 큰집 혼인잔치에서 본 원삼 족두리에 꽃가마 탄 두리 언니 같기도, 그날 그 아름다웠던 족두리에서 눈을 뗄 수 없었던 연연한 감동이 저 풀꽃에 스몄음이니.

고전의 멋! 돌아보아 내 사위四圍에 놓인 옛것들에게서 겉돌지 않는 내면의 기품을 엿본다. 정혼精魂의 얼을 지닌 향기를 맡는다. 고즈넉한 기다림에 잠겨 그윽이 사는 삶을 사랑함과도 같이 청초하고 무구한 한 포기 풀꽃에서 진솔한 생의 의미와 귀한 아름다움을 본다.

생각은 잇달아 시의 길로 접어든다. 첫날밤 소박을 맞고 미처 귀밑머리도 풀지 못한 신부는 길고 긴 인고의 세월을 기다림으로 살았다.

순간의 옹졸한 오해로 하여 신방을 박차고 나간 비정한 신랑이 오랜 세월 뒤돌아와 방문을 열어보니 신부는 첫날밤 그 모습으로 앉아 있었다.

　백발머리 신부는 신랑의 손길이 닿자마자 폭삭 내려앉아 재가 되고 말았다. 처절한 기다림을 안고 혼을 사른 기막힌 사연의 전설 담긴 시와도 같이 족두리꽃은 달포를 넘기지 못하고 늙어갔다.

　가을도 깊어 갈 무렵, 꽃술은 어느덧 백발이 되었다. 바다를 향한 기다림도 지쳤는지 님의 손길 닿았음인가 홀연히 무너져갔다. 어디론가 흩날려 백발도 사라지고 줄기마저 구부려 주저앉더니 이윽고 흔적조차 뵈질 않는다.

　행여 빌붙어 발 내린 뿌리 꼬투리라도 남겼다면 다음 해에 또다시 그를 볼 수 있을는지…….

　한 그루 지순한 풀꽃이 던져주고 간 삶의 의미를 새겨본다. 섣불리 얘기할 수 없는 우리네 삶, 끝없는 기다림 속에는 애달픔도 흐른다. 떠밀리는 시간 앞에 젖는 마음 여미며 족두리꽃 섰던 곳으로 눈길을 준다.

―1991. 가을

PART 2

풀꽃과 한지창

유월 초 여드레쯤이면 초하初夏의 길로 접어들었음을 얘기해야 할 게다. 무기력한 인간사에서 벗어나 실로 오랫만에 S와 나는 산사로 가는 길을 택했다. 잃어버린 추억을 찾아가듯 어릴 적 한 번밖에 가 본 적 없는 안정사安井寺를 찾아 카랑한 햇볕 속으로 뛰어들었다.

비 온 다음 날의 맑음과 평온한 목가적 풍경이 계속된다. 초록의 풋풋함이 닫혔던 마음을 가닥가닥 풀어준다. 어슴프레한 기억조차 거의 끊어진 탓에 느낌은 신선할 뿐이다. 어느덧 사찰 쪽 숲길이다. 개울물 소리에 귀 씻는 감잎이 자르르 윤기를 머금었다.

좋은 수필을 쓰는 그녀와의 동행이라 둘의 감수성은 시선 닿는 곳마다 일렁인다. 고색찬연古色蒼然한 고찰古刹은 영겁의 신비를 품고 있다. 고요하기만 한 그래서 푸르름은 저토록 짙은가 보다.

　벽방산의 이마가 절마당에 닿는다고 하니, 그 턱 아래 노송老松은 정일품, 정이품의 벼슬 높은 정승인 양 범접할 수 없는 서슬 푸르름이다. 산을 지키는 영원이다.

　가만히 멈추어 침묵한 법고法鼓와 범종梵鐘, 목어木魚가 제도하는 삼라만상森羅萬象의 다스림에 보잘것없는 중생의 행각으로 기웃거리는 무례함조차 자비로 보아주길 기원하며 선계에라도 오른 듯, 여러 불전의 분위기에 젖어들었다.

　적요한 사찰의 낡은 단청에 서린 사라진 빛깔의 자취는 빈 마음이다. 먹물장삼 그 먼빛이다. 산의 가슴을 차지한 산사의 이목구비는 자비와 선으로 대좌한 한 떨기 연꽃이다.

　침묵하는 산의 말. 무형, 유형에서 존재하는 어떤 힘[虛]에서는 보이지 않는 '나'도 볼 수 있다.

　귓전을 맴도는 풍경 소리를 들으며 돌샘 가득 흐르고 있는 물가로 간다. 표주박이었으면 하는 아쉬움을 누르며 플라스틱 바가지로 살아 있는 물을 마신다. 심장을 타고 내리는 산山맛!

　'쿡구우—'

　큰 산의 울음 같은 뻐꾸기 소리를 뒤로 남기며 수수한 들길로 접어든다. 유월의 싱그러운 살갗에서 돋아나온 애잔한 풀꽃과 만날 때마다 그냥 지나치지 못한다. 어쩌다 내게 꺾인 풀꽃의 촉촉한 눈매를 받으면 애처롭다. 그래도 어느새 내 손엔 조촐한 꽃다발이 엮어진다.

좋아하는 수필집 속에 애송하는 시집 속에 숨겨두었다가 어느 날 홀연히 만날까 해서다. 그 고운 만남을 아껴 비장해 두는 거다. 산찔레에 손가락을 찔리면서도 들장미를 노래하고, 눈물 같은 개망초꽃을 꺾기도 한다.

햇살에 번쩍이는 가람빛 까치 깃, 담쟁이 우거진 솟을대문, 산그림자 드리운 못물 곁을 지나 그렇게, 산문山門 밖 신작로까지 우거진 그림을 새겼다.

한적한 꿈길을 벗어나 번잡한 시내. 이어지는 발길은, 밤중에 창호지 문을 다 발랐노라고, 자랑하는 H집이다. 스스럼없는 글벗끼리의 만남이라 소물소물 정담이 오간다. 선후배의 격마저 외려 편하다.

넓은 집안 구석구석 그녀의 정서가 깃들었다. 자랑대로 문마다 한지韓紙가 맑았다. 국화 잎으로 마무리하지 못한 점을 대신해서 나는 책갈피에 뉘어온 노오란 풀꽃 두 송이를 내어놓았다. 곧장 밀가루풀을 쑤고 별무리 같은 어여쁜 풀꽃을 붙였다.

그윽한 한지에 드리운 달빛에 숨죽이고 깃든 풀꽃은 그녀의 가라앉은 외로움에, 감도는 향기를 전해주리라.

소박하고 섬세한 수필 같은 삶을 원한다. 마흔을 훌쩍 넘긴 넉넉한 감성으로 치장하지 않는 자연의 순수를 받아들이듯, 마음의 거울을 닦아내는 평온한 영혼을 지닐 것이다. 못다 한 사랑과 슬픔을 위해서라도.

  책 속에 누운 애잔한 풀꽃과 한지창韓紙窓에 간택된 노오란 별꽃을 위해, 맑음이 꽤 비치는 유월의 신록 위로 초라한 몇 줄의 글을 띄운다.

—1992.

PART 2

꽃 씨

  고요한 정물과도 같이 가라앉는 홀로만의 시간이다. 가슴 뜰에는 촉촉이 바깥의 비가 내린다. 내리는 비를 맞으며 베란다에 한창인 분盆 봉선화를 내 안으로 옮겨 온다.

  이미 꽃은 속뜰을 채우고 있건만 두어 장의 필름에도 담았고 그러고도 모자라 원고지에 다시 그를 심는다. 한 봉지 씨앗을 얻어놓고 봄이 오길 기다렸다. 추위가 채 가시지 않은 이른 봄을 피해 삼월 하순께야 마사 섞인 흙을 일궈 한 움큼 씨를 부렸다.

  깨알 같은 꽃씨를 들여다보며 이토록 작은 씨앗이 과연 꽃으로 피어날 수 있을지……. 믿기지 않는 기대를 걸며 흩뿌려 베란다 창가에 두었다.

  얼마나 지났을까. 드디어 여기저기 연초록 눈뜬 떡잎이 보이기 시작했다.

'이게 내가 뿌린 그 꽃씨의 눈뜸이 맞는 걸까'

뾰족뾰족한 본잎이 나오기 시작하고서야 확실한 믿음을 가지면서 새삼 자연의 오묘한 신비에 놀라고 감사했다. 자라면서, 줄기는 햇볕 드는 바다 쪽으로 일제히 몸을 기울였다. 곁가지 하나 없이 본줄기만으로 자라나는 연약한 봉선화.

물 주기도 조심스러운 3센티, 5센티, 커야 10센티 정도의 키로 머무는, 좁게 늘어선 줄기를 솎아 다른 분에 갈라 놓으면서 순수한 이 대열에 나도 섞여 서 있고픈 충동에 휩싸이기도 했다.

처음 보는 꽃나무도 아니요, 어떻게 피고 지는지 잘 아는 터이면서도 유난히 신비스럽고 고운 것은 내 손으로 뿌린 씨앗이기도 하려니와, 텅 비다시피 된 베란다 껄끄러운 마사 흙 더듬으며 여린 생명이 자라고 있다는 감동 때문이기도 하다.

산도 멀고 뜰도 없는 아파트 마른 분 속에서 어쩌다 돋는 풀도 감사했거늘. 그런 어느 아침 나절 닫혔던 커튼을 젖히고 언뜻 봉선화 쪽으로 눈길을 보낸 순간, 한 송이 다홍꽃과 마주쳤다. 한 뼘도 못 되는 가냘픈 줄기 잎새 사이로 함초롬히 붉은 꽃등 켜져 있음이.

탄성으로 그를 맞는 감격. 앞새만으로도 좋아서 꽃까지 보리라곤 욕심내어 기다리지 않았는데 저 정도의 자람에서 꽃을 보리라곤.

 초록의 발돋움들이 너무 사랑스러워 그것만 바라보아도 넉넉했던 마음이 아니던가. 이제 다투어 봉오리 맺고 꽃을 피운다. 내 안까지 주렁주렁 꽃등을 달아 영롱히 밝힌다. 하얀 순결로, 연분홍 연정으로, 다홍빛 아리따움으로 애잔한 보라, 열정의 자주 꽃이…….

 한 봉지의 꽃씨 속에서 도란거렸을 고운 꿈을 이렇게 송이송이 꺼내보게 될 줄이야. 너를 짓이겨 손톱을 물들일 수 없는 까닭으로 무딘 글 속에라도 아로새기고 떨어진 꽃잎들은 책갈피에 끼운다.

 나무 시든 빈자리에 네가 서서 이슬 같은 꽃을 머금은 애련한 생애는 슬픔인가, 기쁨인가, 참아 온 그리움인가. 자연의 영혼인 꽃으로 하여 내 삶조차 은은한 향기로 찬다.

    꽃이여
    더디, 더디 피어라
    하늬바람에도 가슴 죄임은
    오직 네 봉오리 탓

    봄비 여린 속이
    행여 볼을 부빌까

볼 부빔에 소스라쳐 눈 뜰까…

기다림은 너무 길었어
떠난 후
남은 이파리끼리
슬픔은 너무 깊었어

그걸 아는 끼닭에
그 빈 자리
눈물 고임을 본 까닭에

꽃이여
더디게, 더디게 피어라
     —졸시 〈꽃에게〉

 이미 썼던 나의 이 시는 저 봉선화를 위한 서곡이었을까. 어느 벗도 너처럼은 올 수 없는 네 지순한 위로에 감사한다. 어떠한 처지에서도 제 본연 잃지 않는 한 포기 식물의 자태와 진실을 배운다.
 애기장 위에 놓인 두 개의 액자를 올려다본다. 두 오누이인 내 아기들의 돌 적 모습이다. 사진이 아닌 내 서툰 솜씨로 그린 초상화로 돌사진을 대신했다.

쾌자 입고 조바위 쓴 색동 아기들! 우리 식구 모두 어떤 명화名畫보다 귀하고 값지게 여긴다. 이 아기들은 생애에서 얻은 나의 꽃씨이다. 탈 없이 착하고 올곧게 자라주길 염원하고 보살피는 꿈나무들이다.

사랑스런 꽃과 무구無垢한 눈동자에 젖어드는 가슴. 연민스런 사랑으로 보듬는 생명들은 자연이나 인간이나 마찬가지다.

메말랐던 사유의 뜰을 일궈 봉선화의 어린것들로 채우고 보니 어느새 내 안도 해맑은 아름다움이다. 내면의 뜨락에 심어진 영혼의 꽃씨들로 내 산 자리, 내 그림자 물들이며 잔잔한 추억 더불어 살고 싶다.

빗줄기 사이로 가라앉는 풍경, 산빛이 줄고 해평동네가 아슴히 멀어 뵈인다. 선착장을 휘도는 갈매기 무리에 어울려 발동선 택택이가 봉선화를 치며 미끄러져 간다.

갈라지는 물살을 따라 출렁이는 이 한때, 호젓한 맑음으로 원고지를 접는다.

PART 2

목련 세 가지

봄빛도 저물어가는 날 목련 세 가지를 꺾어 안고 강돌 계단을 내려온다. 살던 옛집과의 마지막 작별의 악수를 목련 가지로 대신하면서 한옥 한 채가 가슴에 묻히는 소리를 듣는다.

발돋움해 오는 봄의 발자국 소리를 들으며 십 년을 둥지 튼 삶의 둘레를 정리했다. 얼기설기 철쭉꽃 내다보는 뜰에서 자란 아이들의 어린 시절도 싸서 실은 이삿짐은 서른한 평 아파트 공간으로 넘쳐났다. 꾸깃꾸깃 말아넣고 포개고 쌓으면서 마당 가진 한옥의 품이 이내 아쉬웠다.

골목길 구부러져 돌아 오르면 청돌 쌓아 만든 바깥 화단의 남천

이 반겼고 푸른 강, 물살에 씻겨 둥그스름해진 강돌 푸근한 잔등 밟고 또 오르면 확 끼치던 산사과 꽃내음, 사과꽃 곁에 앉아 가쁜 숨결 잠시 쉬고…….

자잘한 풋사과 여름내 익어 가을빛에 물들면 능금술을 담기도 했지. 줄장미 뻗친 담장 대문간 태산목 큰 키는 수문장만 같아서 사철 굽어보는 그 넉넉함이 좋았다.

백목련 새처럼 앉아 봄비 함초롬 젖는 날엔 베르테르의 편지 삼아 한 편의 시詩를……. 석류알 보석덩이 하느님 은총으로 열려 그 한 가지 꺾어온 것 까무러지도록 걸어 두었다가 함지박 너른 품에 뉘어 놓았다.

자목련 꽃잎새, 돌팍으로 빚어 만든 물웅덩이에 떨어져 한 잔 꽃술잔 되던 그 정취 잊을라. 용마루에 앉은 까치 한 마리, 어느 화가가 그 절묘한 순간의 멋을 그려낼 수 있으랴.

적막을 깨는 새소리 달빛이 먼저 알아채는 집이 있어 풀벌레 울음 머금고 청아한 가을은 깊어갔다. 별빛 영롱한 교신交信에 윤기 돌던 풍요로움, 이 모두는 질박한 고향과도 같아 나는 곧잘 고향 집이라 부르기도. 덩실한 집채를 대궐같이도 여겼던가.

땅에서 맺어진 집과의 인연도 사람과의 인연처럼 깊은 것인가 보다. 차마 못 잊을 것인가 보다. 결혼 십일 년 만에 마련한 우리들의 첫 집은 젊은 사람 같지 않게 남향의 한옥이었다. 살면서 편리한 대로 군데군데 개조했고 황량했던 뜰을 나무들과 수석으로 어울리게 했다.

여황산 기슭 양지바른 터에 드나들던 산새 더불어 살던 십 년은 해맑았다. 그러나 몇 가지 불편함 있어 영 이별은 아니리라 여겼던 떠남이, 이렇게 영 이별로 갈라설 줄이야. 숱한 생각 가슴에 묻으며 목련 가지 바라본다.

남겨 두었던 아래채 짐을 정리하던 날 마지막 결별의 눈짓을 나무에게 보낸다. 나를 따라나서는 목련 가지로 모든 아픔을 위로한다. 고귀함은 결코 물질의 풍요에 있지 않다. 내 어린것들에게도 풍성한 이 자연 심어주었음에.

남아 있는 나무들을 다시 돌아본다. 작별의 길목까지 따라온 목련 세 가지, 이 꽃가지 이미 가슴에 꽂았으니 향긴들 행여라도 잊힐 리 있으랴.

PART 2

그리움 중에

천구백구십사년 여름 더위

덥다고 말 못 하네

육군 이등병 요한,

성당에 가면

눈물 난다는 녀석처럼

미사 중

올갠 앞에 앉아

눈물 도는 어미

스물한 살

과묵하고 맑은 네 심성에

받는 상처

병病이나 다름없는 이 아픔,

이등병 어머니

애달픈 시절에서

사람의 그리움 중

그 으뜸인 그리움을

고백한다

  TV 미니 시리즈 〈남자 만들기〉에서 소포결속小包結束 장면이 시작되고 있다. 남다른 감회에 젖게 하는 이 드라마는 아들의 모습인 듯 가슴이 저린다.

  작년 4월 육군 보병으로 입대한 후 저처럼 소포결속한 한 뭉치 그리움으로 돌아온 흔적을 추억한다. 부둥켜안았다가 하나씩 끌러보며 눈물겨워 했던 그 아픔 다시 생각한다.
  드센 꽃샘추위 속으로 걸쳐 입었던 잠바도 벗어주고 얇은 흰 셔츠 한 장만 걸친 채 대열에 섞여 사라진 마지막 모습, 계속되는 추위와 비 때문에 몹시 안쓰러워했던 시간들을 떠올린다.
  여지껏 나는 그 소포 뭉치의 포장지를 버리지 못하고 접어두고 있다. 때 묻은 옷가지도 금방 세탁해버릴 수가 없어 그대로 두고 들쳐보곤 했다.

6주간 신병교육 후 퇴소식 날의 상봉을 어찌 잊을까. 10시 정각 연병장에 닿았을 때 입영 때와는 너무도 달라진 질서정연한 로봇처럼 사열해 있는 몇백 명의 훈련병들은 감동 그 자체였다.

눈빛만 반짝거리는 새까맣게 탄 모습에서 아들을 구별해 내기란 쉽지 않았다. 그을리고 야위어진 아들을 가까이 두고도 한동안 우리 부부는 두리번거렸으니······.

"엄마" 부르는 소리에 비로소 확인한 감격의 순간, 눈물끼리 끌어안고······. 서러움 훔치던 군대 손수건 지금도 선연하다. 이제 비로소 이등병이 되는 순간, 부모님 손수 계급장을 달아 주라는 연대장님의 말씀대로 남편은 아들의 가슴에 장하고 자랑스런 이등병 계급장을 달아 주었다. 그 어떤 계급장이 이보다 빛날 수 있으랴. 피와 땀과 눈물로 빚은 작대기 하나의 금빛이······.

서울 근교 경기지역 사단으로 자대 배치된 아들은 신병훈련소 조교의 보직을 받았다. 훈련병보다 더 힘들다는 이등병 조교가 된 것이다.

긴장과 압박감의 연속은 꿈속까지 따라와 잠을 설치게 했다. 책임 완수의 과중한 부담감으로 몸은 더욱 쇠약해져 갔고 많은 고통에 시달렸다. 차라리 거칠거나 강한 성격이었으면 잘 견뎌낼 수 있을 법도 했는데 예민하고 여린 아들에게는 정신적, 육체적 시달림이 컸던 것이다.

너무 착해 욕먹고, 쩡쩡한 여름날 옥상에 올라가 몇 시간씩 목 티우는 연습에서 군사지도책 한 권씩 외워 시범 보이며 가르치기, 끊임없는 훈련, 행군 등…….

남편은 외려 강해지는 좋은 기회라고 나를 위로했지만 자식을 누구보다 잘 아는 어미인 내게도 병 아닌 병이 찾아와 오래도록 고생했다.

다른 부서로 옮기기까지 7개월간의 조교생활은 어쩌면 고통만큼 성숙되는 좋은 기회였는지도 모른다. 여럿 유형의 사람과의 관계, 지도력, 인내와 용기의 체험은 삶의 밑거름이 되어주리란 생각도 한다.

나름대로 최선을 다한 조교생활은 훈련병들에게 깊은 인상을 심어 주었고, 좋은 조교와의 석별이 아쉬워 퇴소식 날이면 편지쪽을 남겨 놓기도, 헹가래를 태워주기도 했다니 이런 추억들은 잊지 못할 아름다움으로 남아 있는 줄 안다.

'오늘은 나도 날개를 단다'

이런 제목을 붙이고 새가 먹이를 물어 날라 새끼에게 먹이듯이 새벽부터 정성껏 만든 사랑의 먹이를 안고 비행기의 트랩을 오르곤 했다. 산 넘고 물 건너 날으는 비상의 나래짓은 날아서 간 자국만을 기쁨의 갈피에 끼우고 싶을 뿐, 헤어짐의 아픔은 섞지 않기로 한다.

특별한 관심과 연민으로 이 드라마를 시청하면서 군인이 되는 고난의 길을 헤쳐나가는 우리 젊은이들에게 뜨거운 박수와 격려를 보낸다. 믿음직스런 모든 아들들의 한 어머니로서 그들의 건강과 행운을 기도한다.

아들의 방에 그림처럼 걸려 있는 군모軍帽 하나! 훈병 때의 모자에 퇴소식 날 비로소 이등병 계급장을 달고 자대까지 쓰고 간 모자다. 애환 서린 이 군모는 영원히 잘 보관해야 할 소중한 보고로 여긴다.

어느덧 상병이 된 아들. 그는 늘 맑고 진실되게 키워준 것을 감사해했다. 입영 전 아들이 즐겨 듣던 곡 〈이등병의 편지〉를 끝까지 외워 부를 수 있는 어머니이기도 하다.
그리움 중 그 으뜸인 그리움 속에서

이제 다시 시작이다. 젊은 날의 꿈이여

나팔 소리 울리는 연병장엔 지금쯤 땅거미가 지고 있겠지.

PART 2

가을에 시작한 삶

    1996년 한가위 명절을 지낸 지 이틀이 흘렀다. 명징해야 할 달빛이 비록 흐렸더라도 한가위! 그는 둥근 밝음으로 비춰온다.
    가을도 깊어가는 길목, 시월 초하루는 내 양력 생일이다. 올해로 광복 51주년을 맞았으니 그 한 해 전 1944년 추석날 밤에 태어난 나의 오십두 번째 생일인 셈이다.
    자정이 지나 막 생일로 접어들 무렵, 정적을 깨는 전화벨이 울렸다. 수화기를 드니 서울에서 공부하고 있는 대학 일년생인 딸애의 음성이다. 엄마의 생일을 축하한다며 울먹이다가 끝내 울음을 터뜨린다. 기쁨 속에 기웃대는 슬픔의 짓 때문인가, 덩달아 울음이 솟는다.
    그러다 얼마 후 귀가하는 남편의 손에 케이크 상자가 들려 있다.

오래오래 건강히 살아달라고 포옹하며 당부한다. 나를 업고 돈다. 청실홍실 엮어놓은 25년 해묵은 세월이 깊은 정으로 묶여 있다.

 밝은 날 아침상을 물린 후, 아들과 셋이서 조촐한 생일 축하 시간을 가졌다. 다섯 개의 긴 초와 두 개의 짧은 초를 케이크에 꽂고 정겨움을 나눈다. 작은 행복 한 소절이 쓰이는 순간이다. 아직도 나는 철부지 마음인데 어느새 불혹을 넘긴 인생의 가을쯤에 당도했음이 믿기지 않는다.

 나는 내 생일을 사랑한다. 그러기에 가을을 더욱 사랑한다. 가을에 나서 가을처럼 살다가 또 이런 가을에 죽고도 싶다. 투명한 하늘이 좋고 청아한 바람이 좋고 해맑은 꽃들이, 달고 향기로운 열매가 있어 좋다.

 고개 숙인 알곡식 황금빛 그 풍성한 잔치도. 초록을 넘어 빛부신 단풍들 명상의 갈잎 되어 묵상하는 자연에서 떠남의 '호올로'를 예감하며 삶을 정리해 보리니.

 정신없이 살다가 이렇게 생일에 닿으면 돌이켜 다시 만나고 싶은 내가 있다. 유년기, 사춘기의 고교, 대학 시절, 교편 생활, 결혼……, 갈피갈피 쓰인 생애 속에 나를 찾아 희로애락의 등성이를 넘는다.

 연민 자욱한 내가 쓰는 한 권의 책, 비록 보잘것없어도 누구도

이제 나도 가을나무 등걸에 느긋이 앉아 추억의 책갈피를 뒤적인다.
까닭 모를 비애의 늪에 빠져
한없는 슬픔의 슬픔이 되어 노래했던가?

대신할 수 없는 내가 걷는 길이기에 한가위 달처럼 밝고 맑길 염원한다.

이 가을, 내가 보이는 나이에 이르러 애잔한 그녀와 마주친다. 나만이 아는 그녀의 모습, 그녀의 눈빛과 마주하며 운명적인 그녀의 생애를 읽는다.

나도 누구처럼 이제 겨우 쉰두 해를 살아보았노라고 말할까. 아끼고 사랑해야 할 사람들이 있고 책임져야 할 소중한 일들이 남아 있기 때문에라도.

빈 들녘 가장 낮은 침묵 속에 숨어 있는 빛, 그 고요한 생각을 그리며…….

　　가을은 목의자木椅子
　　넉넉히 쉬어 가라

　　빛부신 잎새 사이
　　스며드는 적막에
　　손 모으는 시간

　　그리움이며
　　사랑이며

비틀거린 생애의

만취한 과過함도

씻고 싶음이여

지친 걸음 이맘때쯤

쉬어 가라

가을은 목의자木椅子

넉넉히 앉아

쉬어 가라

―〈가을은 목의자〉(1990.《경남문학》가을호)

  이제 나도 가을나무 등걸에 느긋이 앉아 추억의 책갈피를 뒤적인다. 까닭 모를 비애의 늪에 빠져 한없는 슬픔의 슬픔이 되어 노래했던가?
  눈물의 이랑 그 순한 출렁임에 흔들리며 내 안을 다독이기도. 자연에 절하고 싶은 감동처럼 남은 날은 작은 행복에도 겨워하는 감사로움에 살고 싶다. 사는 일에 서툰 것들 모두 내 흠이지만 세상 문 닫아 놓는 호젓함도 좋은 것을…….
  가을 같은 사람의 가을로 다시 삶을 시작한다.

PART 2

강물 한 조각

눈(目)은 마음의 창이라 했던가. 내 망막에 아로새겨진 옥색 보자기만 한 남강(南江) 조각은 나의 또 하나의 창으로 열려 있다.

오월 하순 진주 경상대학병원 어느 창가에서 가뭇이 바라보았던 자연의 한 얼굴이다. 외출 중에 느닷없이 한쪽 눈 구석이 가리워지는 듯하더니 차츰 작은 물방울 맺힌 듯한 느낌이 되어 안과병원을 찾았으나 검진 결과 아무 이상이 없다고 걱정 말라는 의사 말만 믿고 방심하고 있다가 결국 발병 열흘 만에 수술까지 받게 되고 말았다.

아무런 외상이 없었고, 겉으로 멀쩡해 보였기 때문에 병명도 모르는 채 나 자신조차도 눈의 망막이 그렇게 빠른 속도로 손상되고 있는 줄 미처 몰랐다. 무지의 소치였다. 정밀검사까지 받은 그 검진이 오진인 줄도 모르고 부비고, 씻고, 걷고, 움직이고…….

　불행 중 다행으로 더 악화되기 전에 수술을 받았고 전과 같은 눈으로 회복되고 있다. 의학의 발달과 훌륭한 의술의 혜택이었다. 나를 위해 애써 만들어주신 좋은 눈을 사람인 내가 망친 것을 안타까워하시고 가엾어 하실 하느님께 너무 죄송해 용서를 빈다.

　두 눈을 다 가리고 시작된 병원생활은 삽시간에 모든 것을 어둠 속으로 몰아넣었다. 그 어둠 속에서 나를 이끈 손길은 푸르고 아름다운 한 조각 강물이었다. 상한 눈을 위해 또 하나의 눈뜸을 주시 하느님의 배려였을까. 그 손길에 이끌리어 나는 강변으로 달려갔고, 생각으로 노를 저었다. 세월을 거슬러 오르고 그리움에도 들르고 추억을 열어보고…….

　감은 눈 속에 별빛이 배어들고 달빛이 쌓였다. '뜰에는 반짝이는 금모래빛 뒷문 밖엔 갈잎의 노래'를 들으며 사는 '강변 살기'. 안과 병동 침대에 누웠어도 강물의 팔을 벤 듯 아늑했으니…….

　육신의 고통이나 지루함을 이겨낼 수 있었던 강물의 위로를 어찌 잊으랴. 우리네 강산의 고운 물줄기가 흐르고 있는 정서 곁에 누웠으니 FM 채널 선율에 실려 그는 더욱 아려오는 그리움이 되곤 했다.

　능선이 완만한 유순한 산과 시냇물, 계곡물이 모여든 소박한 만남으로 이루어진 강은 산그리메 드리우고 산자락 어루만지며 휘돌아 흐르고 흐르는 줄 안다. 그 강물에 실리는 종이배, 꽃잎배, 나뭇잎배의 유정도 싣고…….

강은, 강을 지니고 사는 이들의 온화한 성품을 길러내는 젖줄이다. 들녘의 오랜 벗이다. 나는 때로 한려수도의 맑은 속가슴인 통영 바다를 강물이라 여겨보며 바라보곤 한다. 운하교로 흐르는 듯 뻗어 있는 바다는 저녁노을을 깔고 작은 섬을 흔들어 흐르게 한다. 잔물결마저 잠재우는 등대가 눈을 뜨는 아름다운 경치 너머로 사라지는 강물…….

투병은 혼자 가는 길을 연습해 보는 긴 적막의 길이었다. 고요한 평화이기도 했다. 남편과 아들의 부축을 받으며 살았어도 결국은 혼자가 아니던가.

아픈 이들의 외로움에 섞이어 나도 한 외로움이 되어 본 시간들. 들녘의 여린 풀꽃 한 송이가 애틋이 보고 싶던 그런 외로움이 볼을 타고 흐르기도……. 아무런 소식 없어도 들리는 자연의 기척을 더 환히, 더 가까이 영혼으로 끌어당겼다.

눈 감아보라. 오래도록 그렇게 살아보라. 눈 감고 듣는 세상이 얼마나 소란스러운지……. 눈 뜬 우리가 얼마나 거들먹거리고 사는지……. 보지 못하고 일생을 사는 이들의 착함을, 그 어둠의 고충을 작으나마 체험해 본 셈이다.

종합병원에는 촌음을 다투는 위급환자에서부터 장기치료를 요하는 환자에 이르기까지 수많은 사람들이 병동을 채우고 있다. 육체의 어느 한 부분인들 귀중하지 않고 신비롭지 않은 곳이 있을까. 건강의 소중함을 새삼 느끼며 감사의 마음을 멈출 수가 없다. 모든 환자들의 치유를 위해 밤늦도록 검진하고 수술 준비하는 의사 선생님들과 간호사들의 노고를 잊지 못한다. 간병하는 가족들의 헌신적인 보살핌도.

눈 감고 더듬고 쓴 글 조각. 떠오른 생각들을 주체하지 못해 어둠 속에서 포개이고 비뚤어지게 쓴 글늘을 넘겨보며 내 생애의 갈피에 끼운다.

지금 나는 거실의 피아노 앞에 앉아 앞마당처럼 가까운 바다 위에 옥색 보자기를 편다. 녹턴 같은 가을 바다에 쇼팽의, 리스트의, 슈베르트의 음계를 띄운다. 등대를 감돌아 작은 공주섬 쪽으로 흘러가는 선율이 옥색 보자기 강물에 실린다.

하느님 덤으로 주신 마음의 창엔 아직도 먼 강물 한 조각 일렁이고, 아름다울수록 슬픔인 것이 가슴 안 동공에 머문다.

망막의 슬픔도 어느새 청아한 가을이다.

PART 2

가을 소묘

창밖엔 늦가을 비가 내린다. 잿빛으로 젖어 있는 동호만엔 정박한 크고 작은 고깃배들이 물결 위에서 숨 쉬듯 일렁인다. 몇 마리 물새의 윤무가 포구를 선회하는 비 내리는 바다를 바라보며 흐린 날의 풍정에 취한다.

나의 음악실은 지금 우리 가곡의 흐름으로 차 있고 그 속에서 생각하고 바라보고 움직이는 시간이 지나고 있다. 나를 위한 시간이 수채화로 그려지는, 가을 자락이 발에 밟힐 듯 치렁일 즈음에야 감성은 뼛속까지 스며들고 그제서야 묵혀두었던 원고지를 펼친다. 무엇으로라도 빈칸을 메우지 않고는 그냥 지나칠 수 없는 아쉬움 때문에 종적을 감추려 하는 가을을 간신히 붙잡아 보는 것이다.

사계절 중 유난히도 마음을 끄는 가을이기에 내 속의 문 모두 열고 그를 맞는다. 사철 푸른 나무가 되지 못하는 인생의 여로를 지나며 꽃도 잎도 열매도 다 버린 나무의 마음으로 서 본다. 그의 고독이, 그의 허망이 되어 본다.

　사라진 햇살 뒤 참담한 폭우의 아픔까지 받아들였던 인고의 몸은 지금 하늘을 향해 서 있을 뿐이다. 연민의 계절 가을길을 지나갈 때면 남기고 싶은 것들이 나를 채근한다. 내게 주어진 은총의 몫으로 수수한 글귀 한 줄 남겨 서가書架에 꽂고 싶고 서툰 풍경화 한 폭쯤 그려 생애의 벽에 걸어보고 싶다. 청중이 필요 없는 내 영혼에게만 들려주고 싶은 곡을 찾아 88 건반 위를 거닐고도 싶은 것이다.

　그런 날도 있어야 했으리. 한가위 보름달을 품은 하늘을 투명한 나래짓으로 날아보았던 추석 연휴의 며칠. 기러기처럼 날아서 공부하고 있는 사랑하는 딸을 만났고 실로 오랜만에 일상을 벗어나 편안한 마음으로 지내보았다.

　보도를 구르는 조락의 잎새에서 짙은 페이소스를, 거대한 도시의 그림자를 싣고 강물은 유유히 추억으로 열리고 수림으로 싸인 아파트 단지의 복잡함도 사람 사는 정겨움으로 느껴져 오는 서울의 가을 속에서 누적된 울적함도 씻겨 나갔다.

홀로 떠나봄의 맛. 가을이면 병처럼 찾아오는 그런 허기 때문에 가까운 교외라도 둘러보아야 한다. 두어 번의 작은 가을 여행이 계속되었다. 작년 봄, 병상에서 두 눈을 감고도 만났던 풍경들을, 그리움들을 다시 만나 보아야겠기에 산양일주도로를 두르는 버스를 탔다. 내 설레임에 걸맞는 순수한 그 무엇을 만나기 위해서였다. 그날의 짧은 일기 한 토막을 옮겨 본다.

가을은 절정의 아리아나. 명징할수록 고독한 달빛이 그렇고 싸늘한 적막이 그렇고 찬란한 열정 그 빛깔이 또한 그렇다. 휘감기는 바람이며 흐느낌 같은 가을비, 애잔한 꽃의 무리 그 자태를 소리로 느낌으로 듣는다.

풀벌레 울음을 시작으로 서걱이는 갈대는 속으로 울음 운다고 했던가. 산사의 풍경 소리는 너무 맑아 피안이 길로 이어지고 이런 가을을 사노라면 원초적인 외로움만큼 사람이 그리워지기도 한다. 이 모두가 비감이나 아름다움과 연유되지 않은 것이 없다.

봄여름을, 지난겨울을 돌아볼 줄 아는 가을이듯이 이맘때쯤 내 자신의 한 해 삶도 반추해 보게 된다.

가장 맑은 가을 물에 마음을 담그고 헹군다. 젖은 날의 얼룩들도 가을 볕살에 말린다. 일용할 양식만으로도 우리 모두 감사해야 하는 삶. 행복이란, 가슴이 지닌 조촐한 기쁨에 있어 작은 것들이 주는 겸손과 정이 더욱 값진 세상임을.

결실과 수확이 풍성한 가을걷이, 그런 후 빈 몸으로 사라져가는 가을을 만나 고단한 영혼을 위로받고 나직이 가라앉아도 맑고 부끄럼 없는 삶이길 염원한다. '너는 가을이 되어'라고 썼던 내 첫 시집의 마음.

나에게 했던 말, 너에게 했던 말이 다시금 사무친다.

남은 원고지 빈칸에 물새가 날아들고 떠나가는 배, 돌아오는 배의 물길로 동호만은 어지럽지만 흐린 날 비에 젖은 감성을 열어 담담히 색칠해 놓고 총총히 사라지는 그를 배웅한다.

단 열매 물든 잎새의 노래가 들려올 때까지.

PART 2

나에게 쓰는 편지

  빈 마음으로 갈어가는 가을 눈빛이 나를 바라본다. 가장 맑은 가을 눈에 나를 비춰보며 수취인 분명한 하얀 가슴 위에 가을 잎새 같은 글을 띄운다. 가을이 가을에게 편지를 쓰고 있다. 발신과 수신이 같은 곳으로.
  그렇듯이 이 가을 나는 내게 한 통의 편지를 쓴다. 발신인과 수신인이 같은 한 통의 편지를 보내고 받는다.
  지금 가을은 색색으로 물든 고운 편지의 잎맥에 적어 넣고 있다. 세세한 사연을 적고 있다.
  어린 봄잎에서부터 이 가을에 닿기까지의 우여곡절을, 희로애락을 빠뜨리지 않고 더듬어 적는다. 이미 배달된 우편물도 알곡만큼 수북하다. 노적가리 어깨에는 짐 부리고 왔던 노고의 흔적도 남아 있다. 잎새 넓은 오동잎과 플라타너스, 후박의 너그러운 얼굴에도 쓸쓸함이 깊어간다. 어디, 눈부시게 찬찬한 소식 들리는 듯하여 산행의 발길도 재촉한다.

말이 필요없는 계절. 느낌 외에 어떤 해설도 어떤 변명도 이 가을에는 하기 싫다. 그저 담담히 사아온 자취를 되돌아보며 삶을 여밀 수 있다면 족하다.

내 삶의 치수는 언제나 표준치에도 못 미친다. 늘상 기웃거리는 아픔을 방어하지 못하는 무방비의 자세, 기쁨에도 덩달아 얼비치는 슬픔으로 신명 없이 웃도는 쓸쓸함에 습관처럼 젖어 사는 일밖에 더 잴 것이 없다.

풀벌레 울음도 식어가고 가을걷이도 들녘을 비울 만큼 비웠다. 그러나 나는 무엇으로 이 계절, 이 세월을 갈무리할 것인가. 몇 편의 시詩를 위해 적막을 벗삼아 빚었던 가락 외에 그 무엇도 이 가을 눈과 마주할 수가 없다. 이 가을 눈만큼 맑을 수가 없다. 내 지닌 시의 눈을 바라보며 그 눈 속에 잠겨 마음 닦던 날들을 바라본다.

청아한 하늘이 지켜보는 이맘때 나는 나에게 한 통의 편지를 쓰는 것으로.

사랑이여, 보아라.

그대, 꽃다운 나이도 잃었네. 추스릴 만큼 추스린 슬픔들 아직 보이고 갈숲 같은 가슴속에 아픈 작별도 많았구나. 가까움이 멀고 먼 것이 가까운 그런 날의 병病도 깊었구나. 그러나 나는 너를 사랑한다. 언제나 네게 인색했던 마음을 이제야 사랑한다는 말로 바꾸어본다.

두텁게 깔린 황량함에 어지럽던 세월, 상처 안은 아픔의 틈새에서도 놀라울만치 영롱했던 네가 있어 어둠조차 비켜가던 사위四圍였었네.

나지막이 엮어가던 고뇌롭던 나날의 행보를 기억하마. 스산한 바람 불어도 깊은 정情 두른 둥지에서 삭이고, 덮이고, 보듬던 애잔한 나날 뒤 마지막 연민이 너였음을.

사랑이여, 대못 박히던 아픔도 이제 숨을 고른다. 이만치서 고백해야 할 말들. 예비해온 젊은 날 언약의 점검을. 이 흰빛 위에 깔아보면 결코 이 모두를 부끄럽게 여기지는 않겠네. 단 한 꺼풀 꾸밈이나 비겁함 없이 살아온 것만을 열매처럼 여기겠네.

조촐한 내 뜰의 풀꽃에게나 보여주고 싶은 마음 한 자락……. 가을밭 문 열어 놓고 죽어도 좋을 때쯤에 물빛 같은 이름 하나 남길 수 있다면 쓰고 가는 나의 길 살 만했다고. 그중 시의 가슴 받은 일 축복이었노라고. 이 세상 주인이신 주께 아뢰리니, 극진한 내 사랑의 인연에게도 당부한다. 후회 없이 살았고 잘 만났노라고…….

　사랑이여, 슬픔의 줄거리를, 애정의, 연민의, 그리움의 줄거리를 또 고통이나 허망까지도 다 아는 너에게 잘 견디고 참아왔다고 말하련다. 눈물의 속마음 그 착함과 더불어 흔히는 못 갈 길을 함께 걸으며 작은 소망만을 염원하던 일 잊지 못한다.

　이제 봄쪽으로 서는 나무가 되고 싶다. 물 흐르는 줄기 끝 꽃 되어 서고 싶다. 웅크렸던 어둠 샅샅이 꺼내어 젖은 마음 한 장 한 장 따사로운 가을 볕살로 펴서 눈물조차 향기 되어 날아가는 봄 쪽의 평화로 서고 싶다.

　사랑아, 늘 미안했던 내 사랑아!

　빈 마음으로 걸어가는 가을 눈빛이 나를 바라본다. 가장 맑은 가을 눈에 나를 비추이며 수취인 분명한 하얀 가슴 위에 가을 잎새 같은 글을 띄운다.

　가을 잎새! 기다림 두엇이 강물 위로 떠가는 날에.

PART 2

저녁 노래

 가을 가운데 홀로 선 나무는 왜 저토록 아름다운지……. 빈 들녘 끝 하늘이 너무 맑아서인지. 고운 숨결 절정으로 물들었을 때 잎새비 내리며 떠나야 하는 미망未忘 때문인지. 아니면 시詩와 같은 생애로 이 가을까지 지녀온 꿈결, 꽃다이 물들이는 감성 때문인지…….
 살면서 잠시 머문 마지막 행간에 다달아 가을에게 주려고 남겨놓은 나뭇잎 닮은 글귀 한 줄 들여다본다. 잎맥마다 숨겨진 비밀들 더는 참지 못해 울음빛 감도는 빛감도 토해낸다.
 말없이, 생각으로 사는 나무가 물들인 계절. 행여, 꽃낭 흐르는 기운이라도 내비칠 양이면 네 수액水液 흘러들어 마른 가지들 누리는 호사好事 내 덩달아 누릴지도 몰라.

자연의 손길 붙잡아 봄이 우주의 가장 맑은 눈빛과 마주침이기에 거듭 갈망한다.

이 가을, 나무는 더욱 말이 없고 내 생각도 침묵하는 나무처럼 섰다가 빈손 들어 작별하려니 하건만.

멀리 있거라, 그리움들은. 불러본들 들릴 리도 없는 거리距離에서 젖어다니는 마음만 여밀 뿐, 외로움은 내 타고난 성품, 어떤 황홀이 부추겨도 뜨겁게 열 내지 못하는 부질없음이 웃돌아 허허로 위지는 빈 배만 같아서 닿아야 할 곳도 떠나야 할 것도, 감지할 수가 없다.

흔들리는 시간들이 세월을 뛰어넘고 내 창窓은 낙서투성이로 흐리고 영혼은 늘상 창백하다. 이제금 가을은 또 한번 허망의 의상을 걸치고 떠날 것이고 음산한 겨울이 음모처럼 문 밖을 서성이리니. 어쩌다 나부껴 내리는 눈발이 황량한 내 어깻죽지 평온으로 덮어줄 터인지. 어룽진 옷자락 너무 남루해 흰 눈발로나마 가리고 싶다.

가여운 인생의 추위도 가리고 싶다. 하나씩 버리면서, 떠나면서, 가벼워질 때까지. 삶은 고뇌로울수록 깊어지고 어루만지고 사랑하는 것. 커다란 상처끼리 서로 보듬고 길동무하고 떨어지는 눈물들 거두어 주고 뼈까지 껴안는 고독 같은 것.

빛을 가둔 어둠을 덮고 한 장씩 쓰러져 눕는 달력에 섞여 덧없이 곤두박질치는 생애에도 촉수 낮은 영혼의 등은 늘 켜두리라.

어느 때쯤 시린 겨울강 성큼 뛰어넘어 봄 마을로 갈 수 있는지. 수척한 내 영혼에 불 밝힐 꽃들의 행렬 맞을 수 있을는지.

사랑스런 비밀인 양 기다려지는 봄까지는 아직도 긴 겨울이 도사리고 있다. 삭풍 몰아친 삶의 벼랑 끝에서 나목裸木처럼 정신만 추스르고 서 있어야 했던, 아니 그 정신조차 철창에 버려야 했던 일그러진 세월을 덮고 싶다.

가라앉히고 가라앉힌 후 한 사발 정화수로 남기 위해서라도 달빛은 비춰줄테고 새벽은 오리라.

흠집 많은 삶, 허술한 생에게 이 늦은 가을날 잎새무늬라도 새겨보는 마음으로 무딘 목피리 한 소절 불어본다.

하잘것없는 단조로운 이 짧은 가락엔 누구도 귀 기울이지 않을테지만 허망을 잠재울 나만의 저녁 노래이기에.

소슬한 바람이 유유히 곡선을 그으며 가락을 탄다. 숭숭 뚫린 가슴을 메워주는 저 잎새비. 갈잎으로 뒹굴어 구를 삶의 편린 한 조각에 수인사하고 스산한 이천년 십일월의 갈피에 접어 꽂는다.

결실과 수확이 풍성한 가을걷이,
그런 후 빈 몸으로 사라져가는 가을을 만나
고단한 영혼을 위로받고
나직이 가라앉아도 맑고 부끄럼 없는 삶이길 염원한다.

2011년 월례회를 마치고

PART 3
여럿이 한자리에

PART 3

다시 추억이

　청아한 가을빛에 저절로 몸과 마음이 씻기는 듯하다. 지치던 여름도 저만치 물러가고 풀벌레 울음이 가을 발자국을 재촉하더니 어느새 잎새들은 제가끔의 빛깔로 곱게 물들고 있다.
　팔 들어 기도하는 나무의 겸허함에 마음 숙연해지는 때, 쌓아두었던 짐 속에서 꺼낸 가냘픈 신부의 모습이 구겨진 세월 위에 풀꽃처럼 피어난다. 아리따운 그날의 신부가 추억의 계단을 밟고 오른다.

　나의 웨딩드레스!
　하늘거리는 고운 옷에서 들려오는 옛이야기. 하고 많은 사연이 물결되어 밀려온다. 애잔한 네 모습을 가만히 안아 본다. 세월의 어룽이 군데군데 묻었어도 청초함은 잃지 않았다.

  우리들의 약속 그 첫 발걸음을 하느님 성전인 성당 제대 앞에서 이룰 수 있었으니 그날의 거룩한 감동의 떨림을 잊을 수가 없다. 비록 조촐한 혼배미사였지만 신부神父님의 따뜻한 격려와 하느님 은총으로 맺어주신 축복이었기에 더없이 감사한 복됨이었음을. 우리들의 그날만큼 아이들이 자랐고 깊이 묶인 인연의 끈도 단단하다.

  연주복을 맞추러 왔노라고 서울 미아리 번잡한 거리의 어느 양장점에서 조금은 부끄럽고, 조금은 설레이고, 또 조금은 비밀스런 기분으로 치수를 재고 모양새를 그려 주문했다.
  수수한 드레스에다 손수 스팡크와 코사지로 수를 놓듯 장식하고 머리에 쓸 면사포도 망사와 레이스, 구슬화관으로 솜씨껏 만들고 보니 제법 그럴싸한 웨딩드레스의 분위기로 변모되었다.

  한 여름날의 결혼식.
  구슬땀이 맺히던 그를 다시 생각한다.
  우리들의 맹세가 소망만큼 부풀고 다져져서 살면서 겪은 우여곡절, 희로애락, 거친 풍파에도 참아내고 견뎌냈음은 부부로서 약속한 언약의 힘, 신뢰의 힘이었음도 고백한다.

두 아이들이 자라나는 동안 삶은 더욱 간절하고 애틋한 것이어서 오늘 다시 만난 이 애잔한 옷자락을 펼쳐보며 남다른 감회에 젖는다. 딸이 나면 주기도 하겠거니 했건만 옷은 너무 구식이고 초라하고 가냘프다. 옷의 질감부터가 그러하고 맵시 또한 요즘 신부복에 비할 바가 못된다.

그러나 내 생애의 가장 순수하고 어여쁜 때가 이 여린 옷에 담겨 있음이니 반갑고 사랑스럽고 소중하다.

한 그루 나무의, 한 송이 꽃의 길처럼 우리들 나무는 튼튼히 자라 고운 열매도 맺었으니 인연의 깊이를 새삼 깨닫는다.

내 어느 때 다시 이만큼 아리땁고 젊을 수 있으랴. 마음 쓰리던 그 시절의 비애, 고통마저 그리워진다. 우리 생애의 앞모습이고 뒷모습인 이 옷을 곱게 접으며 수인사한다.

내 시詩의 한쪽에 서서 안개꽃 같은 울먹임으로, 푸르른 사철나무의 기운도 서려 있는 나의 웨딩드레스. 그날의 애잔한 신부에게 한 아름 가을꽃을 안겨 준다.

풀꽃 다발 같은 나의 시집詩集도 함께.

사랑과 행복이 영원일 수 없을지라도 욕심내지 않고 서두르지 않고 참아 내었던 슬기와 인내에, 믿음과 진실에 감사해한다.

하느님이 짝 지어주신 우리 인연은 누구도 갈라놓지 못하였기에 인생의 배를 이렇게 함께 노 저어 가는 것이다.

기다림과 수고도 함께하는 길, 항해의 끝까지 닻을 올리고 노 저어 가야 하는 짝으로서 후회 없길 희망도 하며.

인생이 유한有限하여도 잊을 수 없는 것은 아름답게 남기고 싶다. 연민으로 차오르는 사라져가는 것들 속에 그래도 기억하고 싶은 우리만의 작은 흔적을 용기 내어 그려본다.

서로의 삶을 보살피고 사랑해야 할 가정이 있기에 짧은 인생여정도 쓸쓸하지만은, 서글프지만은 않으리니. 장미 덩굴 뻗듯 뻗어온 세월에도 단풍이 든다. 절정의 노래 같은 잎새가 너무 고와 가슴에 남는다. 잎맥의 숨결 잦아질 때까지 곁에도 뉘인다.

이제 내 생애의 흔적도 추억으로 담아 간직할 나이에 이르렀음인가.

사랑도 이별도 골고루 섞이어 오고 떠난다. 고요히 가라앉은 내 사위四圍, 옛것들의 겉돌지 않은 빛남도 닮고 싶다.

남쪽 하늘은 더없이 맑고 푸르고 저 바다의 섬들도 가을빛으로 물든 날, 깊은 인연의 정으로 얽혀 살아가는 우리에게 한 시절 꽃 같은 모습의 네가 와 주었구나.

PART 3

가을 나들이

어디고 떠나보고 싶은 마음으로 일렁이는 계절이 왔다. 전부터 벼뤄왔던 약속이었지만 공휴일을 낀 날을 택해 우리 부부는 일박 코스의 나들이를 떠났다. 이미 바람은 머리결을 흩날리고 살 속을 스치움이 살갑다. 생각이 꿈을 밀고 달린다.

들녘은 아직 풍성한 황금빛 여울이다. 환한 미소로 마중 나온 소녀의 무리 같은 코스모스 꽃길이 밝다. 발그레한 감빛도 정답다. 삶을 떠보는 쪽박에도 저절로 익어가는 가을 향기가 스민다.

산자락을 돌아 고갯마루를 넘어가는 버스가 차례로 창밖 풍경을 담는다. 먼저 진주행, 남원 춘향골을 가기 위한 길목이다. '광한루' 그러나 이를 어쩌랴. 오는 날이 장날이라더니 보수공사가 한창이다. 첫길이, 공사판과 관광객들로 어수선하기가 이를 데 없다. 꿈처럼 그리고 고색창연한 정취를 보려니 했던 내 기대가 무참히 뭉개진다.

광한루에 올라 그네 뛰던 춘향을 흠모하던 이몽룡 도령도 되어 보고 절개를 지킨 춘향의 일편단심도 생각하며 영원한 우리 고전의 맛을 상기하려 했는데…….

오작교도 그려왔던 다리가 아니다. 고색 짙은 나무다리겠거니 했던 내 상상이 어긋난다. 튼튼하고 평평하게 생긴 큰 돌다리일 줄이야. 관광객들 틈에 섞여 건너보았어도 별로 마음이 닿지 않는다.

넓은 마당이 있는 월매집으로 들어선다. 재현해 놓은 것들이 너무 관광적이다. 휑한 마당부터가 그렇고 춘향 어미 월매가 다과상을 놓고 손님과 마주앉아 있는 모양새가 웃음을 자아낸다.

별채엔 이도령과 춘향이가 주안상을 놓고 정담을 나눈다. 그 은밀함이 만천하에 드러나 있다. 사랑의 소원을 이룬다고 동전을 던져 넣는 조잡스런 연못가엔 관광객이 붐빈다.

마당 옆으로 일구어 놓은 텃밭엔 고추가 익어가고 밭울타리 덩굴에 몇 개의 호박 덩이와 호박꽃이 피어 있다. 정지간(부엌)엔 향단이가 쭈구리고 앉아 아궁이에 불을 지핀다. 크고 작은 옹기들로 어우러진 장독간도 눈의 띈다. 옛사람의 살림살이를 생각으로 키워본다. 호젓함이 깃들어 있었다면 하는 아쉬움을 남기고 서둘러

자리를 떴다.

 춘향이가 그네 타던 그네 터인지는 몰라도 둥구나무가 아닌 쭉 곧은 큰 기둥에 달린 두 개의 그네에 젊은이들이 앉아 그네를 탄다. 옛과 현실이 싱겁게 마주친다. 백제 땅의 향기 한 줌 애써 머금으려 나무 한 그루 풀잎 한 포기에도 눈길이 머문다. 몇 컷의 사진이 무엇을 말해줄는지…….

 때맞춰 갑자기 내린 비는 뇌우마저 동반했다. 겨우 차를 잡고 우산까지 샀는네 비는 그친다. 일상을 조금 비겨나서 부부가 함께 평온한 마음으로 정답게 찾아가는 시간. 설렘이 아니라도 좋다.

 지리산맥의 위용이 무섭도록 장엄했다. 잿빛의 농담으로 산들이 능선을 그린다. 운무가 깔린 감동적인 동양화다. 거대한 산들이 겹쳐서 마을을 내려다본다. 산은 무슨 생각에 잠겨 있으며 우리는 무엇인가? 산이 품고 있는 세세한 빛깔과 아름다움이야 볼 수 없지만 시선은 신과 같은 위압감을 준다.

 그러나 너그러운 포옹임을 느낀다. 세속의 마음을 여미며 깊은 존재의 영원과도 차츰 멀어지고 있다. 어느덧 버스는 순천에서 고흥군으로 들어서고 고흥읍 종점에 닿는다.

 긴 여정, 남편의 친구가 경영하는 사업장이 있는 늑동까지 가야 했다. 늑동은 면소재지라지만 꽤나 발달했고 넓었다. 우리가 묵은 숙소 앞바다 건너, 보이는 섬이 바로 소록도인데 돌아올 길이 바빠

가보지 못하고 먼발치에서 바라보았을 뿐이다.

다시 진주, 남강변이다. 고요한 강물을 지닌 진주는 늘 그리움의 언저리를 맴돈다. 별들이 따라 흐르고 달빛이 강을 건너는 생각 깊은 강물이 있어 좋다. 비감으로 서 있는 촉석루 아래의 의암바위는 남강의 가슴속에 의연히 잠겨 있다.

굽이굽이 감돌아 흐르는 물길을 따라 흘러보고 싶은 강물, 산그리메 내리는 가을 강은 어룽진 울음도 글썽인다. 시의 행간에 잠시 기댈 때마다 강변에 앉아 있는 듯하다. 번거로운 계획 없이 훌쩍 나들이히듯 떠나보는 여정을 다시 기다리리라. 떠날 곳이 같고 돌아올 곳이 같은 남편과 아내 단둘이 벗삼아 떠나볼 일이다.

이제 가을은 차츰 결별의 뒷모습을 보일 것이다. 표표히 길 떠나며 영혼의 아픔을 보여줄 것이다. 그날의 가을빛이 원고지 사이를 넘나든다. 눈에 밟히던 것들도 들락거린다.

구절초 꽃포기 명징한 가을 이마에 피어 있는 이맘때.

PART 3

시화詩畵 한 폭

  10호 캔버스에 서 있는 나무 한 그루, 밑그림은 수풀 우거진 숲이다. 조각달이 걸린 하늘 쪽엔 불그레한 노을의 잔영이 번져 있고 보라·하양·노랑·분홍·자주·파랑·초록… 들이 엉겨 숲의 허공은 알지 못할 신비를 자아낸다.

  방 안 가득 유화물감 냄새, 그것만으로도 이미 나의 삶은 메마름이 아니다. 달빛을 받고 있는 나뭇등걸엔 붉은 색감을 띤 머리 쪽 아래로 푸른 깃털로 감싸인 산새 한 마리가 조각달을 바라보며 앉아 있다.

  날갯짓을 접고 이제 막 사뿐히 둥지에 내려앉았을지도. 홀로의 고적함이 화려한 깃털에도 서린 듯한 파랑새, 아니 비비새·두견이…, 아무런 이름을 붙여도 좋다.

내, 사람이기 싫은 날에 곧잘 넘보던 새였을까(?). 산새의 둘레엔 세 송이 여린 꽃이 넘실대며 피어 있다. 산꽃 제 어여쁨을 뽐내는 듯도 하다. 향기도 꽃만큼 아리땁게 머금고 있으리라.

산새 곁의 고운 벗, 하야한 꽃들이 고갯짓하며 서로 부르기도, 눈빛을 맞추기도 한다. 생글거리다가, 글썽이다가, 갸웃대다가…. 조롱조롱 익어가는 산열매들도 보인다. 나의 붓 끝은 잊지 않고 그들을 그려 넣는다.

희푸른 달빛이 미리내처럼 흘러 숲을 밝히는 밤. 풀잎 하나하나가 운무하듯 어우러져 달빛에 드러난다. 큰 나무는 이들을 거느리고 의연히 서 있다.

바람이 휘돌고 계곡물 소리, 숨 쉬는 숲의 숨결. 이 모두가 숲의 시詩가 되어 읊어지는 이곳은 사뭇 환상적이다.

10호 캔버스에 실린 자작시 한 편.

　　　산새나 되어
　　　고운 알 품는
　　　어미 산새나 되어
　　　산바람에 눈뜨고
　　　산볕에 영그는
　　　불긋이 물든

산열매 곁에

미소 지으며

꿈꾸며

살고 싶은 만큼 살기.

　　　—〈그림에서〉

　넘보던 꽃이며 나무, 새가 거기 있다. 이는 가톨릭 문학에서 개최할 시화전詩畵展에 보낼 시화詩畵를 내 힘으로 준비해 보는 중이다.

　자다가도 깨이면 이젤로 받쳐 둔 캔버스를 바라본다. 가뭇히 먼 숲, 그곳이 바로 발치에 펼쳐져 있다는 게 놀랍기도 하고 감동스럽기도 하다. 청정한 풍경의 침묵 속으로 좀 더 깊이 들어가 새로운 빛감으로 나무의 음영을, 새의 깃털을, 해맑은 산꽃을 건드려 본다. 그들의 영혼마저 살펴보는 마음으로.

　비록 보잘것없는 모습일지라도 내 손으로 꾸미는 10호 캔버스의 충만, 공간예술의 결실 한 장을 생生의 갈피에 끼우려 한다.

　그림 속 새에게 말을 걸기도 하고 꽃에게도 그럴라치면 어느새 나는 숲에 가 있다. 훤칠한 나무에 기대어 오래, 오래된 나무의 이야기에 귀 기울인다.

　조각달에게서 들려오는 월광月光도 피아노 음계를 밟으며 내려

삶의 여백에 걸어둘 조출한 시화詩畵 한 폭.
날개를 접고 앉은 새가 휘파람 한 소절을 분다.
동화童話 같은 세상을 열어놓은 자연의 문설주에 기대어
지나가는 가을을 바라본다.

와 새의 노래와 섞일 터이지….

　홀연히, 일상의 굴레를 벗어나 산으로 간 느낌.

　자연의 한 식구가 되어 어울리고 싶은 바람을 담았기에 그냥 기쁘다. 화가의 손을 빌리지 않고도 희구하던 마음결을 그려 보았다는 데에 의미를 두기로 한다.

　이 깊은 밤, 방 안의 숲에서 글 한 토막을 써내려간다.

　어느새 새벽 오솔길이다. 꿈을 빚고, 그리움을 품는 숲의 무리 속에서 이슬 머금은 풀꽃들 곁에 부스스한 삶을 기댄다.

　내가 펼친 구도는 무릉도원도 아니요, 빼어난 풍광風光도 아니다. 다만, 맑디맑은 적요가 깔려 있고 호젓한 외로움끼리 마음을 기대고 사는 곳일 뿐.

　삶의 여백에 걸어둘 조촐한 시화詩畵 한 폭. 날개를 접고 앉은 새가 휘파람 한 소절을 분다. 동화童話 같은 세상을 열어놓은 자연의 문설주에 기대어 지나가는 가을을 바라본다.

PART 3

좋은 길

마음이 길을 따른다.

청명한 산의 마음에 닿기 위해 우리 부부는 산양 쪽을 향하는 버스에 올랐다. 언제 어디서 만나도 절경인 통영의 풍광이 그림처럼 펼쳐 있음을 놓치지 않고 바라본다.

버스에서 내려 미래사로 오르는 길로 접어들며 단풍과 수림에 마음을 앗긴다.

산은 빛깔로 말을 한다. 산의 말에 귀 기울이고 그 마음을 듣는다. 침엽수 곱게 물든 산너울 아래 떨어진 잎새 하나를 주워 읽어본다.

가을 엽서 한 장.

무엇이 쓰여 있는지를 읽어봄은 각자의 몫이다. 함초롬히 피어 있는 구절초, 노란 산국, 흰 들국, 풀꽃들은 모두 산의 사연이고 노래이고 시詩다.

구름 한 점 없는 하늘 푸름에 올곧게 솟은 나무가 그림을 그린다. 이끼 낀 바위 살갗 멋진 빛감을 자연 말고 어디서 구할 수 있으랴.

숨어 있는 꽃덤불, 어여쁜 산새, 다람쥐, 익어가는 열매들, 곤충까지 다 읽어 보자니 가슴이 벅차 온다. 어느 고전엔들 비할 바 없는 그런 감동 때문에.

미래사로 오르는 길엔 연신 까마귀가 울었다. 이곳저곳에서 날고 우는 까마귀도 산에 사는 산새려니 싶으니 누구의 넋인 양 애달프기도 하다.

산등성이 아담한 곳에 봉분 여럿이 일가를 이루고 있다. 잘 꾸며져 있고 윤택해 보여 쓸쓸함도 덜하리라 싶다. 생로병사의 길을 따라 걷다가 먼 강을 건넌 모양이다.

마을이 내려다보이는 양지 쪽에 포근해 보이는 잘 단장된 무덤을 보면 부러워진다. 죽음도 호사스러워 보인다. 영원한 고독마저 따스하리라 싶다.

오래전 나의 시 한 편

　한낮 화장터에 꽃상여 가네

오층 베란다 난간에 기대어
떠나는 이를 바라보았네

직행버스 떠난 뒤
꽃상여 가는 길

시작과 끝이 만나는 길목에
시작도 끝도 아닌 내가 서서

하늘과 땅 사이
느슨한 손목에 잡혀 있었네

멈춰 있어도 나는 가는데
어느 길인 듯 가고 있는데

내 가는 것 잊고
떠나는 이만 보고 있었네

―〈풍경〉 중에서

라고 읊었다. 그때의 그 마음이 지금 다시 도져 온다.

이제 이 무덤들은 자연의 한 풍경이다. 인연의 땅을 걷다 나도 한 풍경이 되고 말 허망이나 비감에 가까이 다가서는 나이에 이르고 보니 그냥 무심히 보아지질 않는다. 잠시, 걸어온 날의 회오悔悟에 잠긴다.

흙에서 와서 흙으로 간다 했으니 우리 또한 흙이 아닐까. 무위撫慰의 빈손이 부끄럽지 않길 바란다.

태풍에 뿌리째 뽑혀 넘어진 큰 덩치의 나무들이 넘실거리던 잎새 모두 사라지고 가지 꺾인 아픔을 안고 쓰러져 누웠다. 만신창이로 찢겨진 나무의 아우성이 들린다. 반쯤 죽은 채 넘어진 큰 나무를 어린 나무 여럿이서 어깨와 팔로 지탱해 주느라 안간힘을 쓰고 있기도 하다. 태풍의 위력이 얼마만 했던지 짐작이 간다. 그들 아래 여린 풀꽃이 눈물처럼 피어 있다. 자연도 슬플 수 있음이다.

미래사의 물맛이 달다.

스님 한 분 보이지 않는 절간은 풍경조차 흔들리지 않는 적요로 가득하다.

다시 산허리를 도는 길.

우린 저절로 흘러나온 가곡 한 곡조 불렀던가.

"산새도 오리나무 위에서 운다 산새는 왜 우노 시메산골…"

의연히 서 있는 나무들.

나무의 꿈이 하늘을 향한다.

침묵 속에 흐르는 명상으로 나무는 나이를 먹는다. 천년만년 청정한 정신으로 맑고 고요하게 살아간다.

산길은 언제나 좋다.

높은 산봉우리까지 오르기보다 오솔길 고즈넉이 감고 있는 산허리 감돌아듦이 좋고, 맑은 물 흐르고 어진 나무가 내뿜는 산내음이면 더 바랄 게 없다.

산이 좋아 산에 사는 꽃, 꽃이 좋아 산에 사는 새가 있는 산에서 얼룩진 삶, 권태로운 일상, 지친 영혼결 씻어 보며 세상살이 고달픔도 행군다.

어느새 인생의 길동무가 되어버린 부부, 길고 긴 세월 굽이굽이 돌아오면서 넉넉해지고 푸근해지고 질박해진 정을 느낀다.

한가로운 여백으로 남겨두고 싶은 남은 여생은 차茶향만큼 그윽하길 염원한다. 굿거리, 자진모리, 휘모리, 중모리 장단 다 어우러지며 휘돌았던 길.

이 짧은 산행에서 만나는 '좋은 길' 한 꾸러미에 감사한다.

결코 평탄치만은 않았던 생애 속에는 수없는 상처, 절망, 고뇌로움에 스스로 질곡桎梏해 온 길도 있었다.

기쁨 곁에 도사렸던 슬픔의 정체에 눌렸어도 문 닫아걸지 않았던 소박한 기쁨이 있어 부족함을 위로하고 마음 비우던 시간 또한 나의 길에 있었다.

  산은 자연의 집이다.

  사계절이 뚜렷한 우리 강산의 아름다운 집이다. 그리운 집에 들러 산의 일부가 되어보며 비우고 떠날 순리의 내 길도 생각한다.

  억새꽃 무더기가 은빛으로 반짝이며 흔들린다. 소소히 흔들리다 바람 되어 흩날릴 저 아슬한 손 흔들림을 마지막 이별로 치켜들 때까지 우리 함께 걸어가리라. 그 인간다운 아름다움 망연히 바라볼 그날까지.

  여울 깊은 산마음, 산눈빛 만나 그늘 드리운 산울림 한 줄기 가슴에 두른다. 이윽고 서녘 하늘엔 붉은 태양이 노을을 펼치며 가라앉는다.

  서서히 저물고 있는 가을 중턱 한 저녁, 찬란한 빛이 바다를 물들인다. 발동선 한 척이 물살을 가르며 포구를 빠져나간다.

  머지않아 가로등 점점이 해안을 두르리라. 이렇듯 순연한 경치들은 먼 훗날 어떤 그리움이 될 것이다.

  마음 끄는 시월의 미륵산 그대를 따라 좋은 길 길동무 함께 걷는 날 가을이 건네 준 엽서 한장 다시 꺼내 읽어 본다.

PART 3

풍장風葬

　긴 유리잔에 하얀 구절초 몇 포기를 꽂았다. 투명하게 드러나는 물속 줄기와 흰 꽃의 조화가 맑다. 한참을 청초한 저 모습대로였으면 싶다. 자주 물갈이라도 해주다가 시들어질 때쯤 물을 쏟아버리고 꽂아두든지 뉘어 둘 것이다.
　지금 그녀들은 성모상 모셔 놓은 작은 옛 함 위에 애련하게 서 있다.
　가을이다. 만상이 가을로 차 있다. 나는 또 어느 영원에 저 구절초를 얹어두리니. 몇 달이고 몇 년이고 내 손을 잡은 꽃은 쉽게 나를 떠나지 않는다. 싱그럽던 열매가 쭈글해지고 까맣게 굳어져도 간직한다.
　갈무리될 때까지, 풍장될 때까지, 아니 풍장된 뒤에도 아낀다.

집안 여기저기서, 책갈피 속에서 무더기로, 몇 송이씩 마를 대로 마르고 빛바랜 열매, 잎새, 꽃을 만날 수 있다.

담아두고 걸어두고 뉘어 둔다.

첫 만남의 추억까지도 그리움으로, 자연의 편린들이 쌓인다.

내게 그들은 고요한 생명이고 명상 속 평화다. 지고지순 순명의 모습이다.

보도블록 사이로 간신히 고개 든 앉은뱅이 민들레에게 감격과 환호의 눈길을 보낸다.

개망초 무더기도 사랑스럽다.

쑥부쟁이 고개 숙인 족두리도 그냥 좋다. 큰 나무 속울음 곁에 당당히 선 풀꽃의 실루엣. 베어 나간 아픈 나뭇등걸에 기댄 쪼그만 강아지풀 철없이 한들거려 잠깐 미소 짓는다. 제비꽃, 할미꽃, 도라지, 진달래, 수련…. 어느 꽃에나 마음의 수관水管을 연다. 성당 제대를 장식하던 거룩해진 장미라면 더할 나위 없어 시들어 거두어 버릴 즈음 수녀님 풍금 뒤에 슬그머니 놔두시면 기쁘다. 반쯤 시든 장미를 안고 시장을 돌아도 부끄럽지 않다.

나무 됫박, 토기, 분청 항아리, 바구니, 가릴 것 없이 어울리는 소묘다.

몇 년 묵은 장미 다발이 둥그렇게 파인 나무 됫박에 담겨 안방 장롱 위에 올려져 있다.

아끼는 마른 꽃 중에 오래된 꽃식구다.

제 가슴 움푹 파놓고 기다리던 그 기다림 속에 장미를 묻었다. 한 폭의 정물화를 보는 듯하다.

한 다발 자잘한 노란 국화를 선물로 받았다. 초가을의 일이었는데 완전히 시든 것을 토기가 안고 있다. 화사함도 잠시였다.

꽃도 나무도 비감의 언저리를 맴돈다.

나목裸木이 되기 전의 잎새 추연한 자태는 한 편의 시詩다.

세월은 모든 것을 풍장한다. 끝내 소멸되어 시리질 생명들이긴 만 영원불멸을 꿈꾸기도 한다.

그런 우리는 어디로 가며 무엇을 남길 것인가. 떠나는 것들이 가까이 보이는 가을이 깊다.

여울로 흐르는 삶이 그림자를 드리운다. 우리도 자연의 것이 되고자 주어진 생애를 견딘다. 슬픔도 지녔고 기쁨도 둘렀다.

쓸쓸함마저 껴 입히는 아름다운 가을 아닌가. 사랑하고 사는 이 모든 것과도 작별의 날은 올 것이다.

풍장되는 모습들이 이 계절에 더욱 유정스레 비친다.

바람은 세월이고 세월은 바람이다. 우리 모두는 서서히 풍장되어 가고 있음이니.

PART 3

여럿이 한자리에

밀려간 세월을 꺼낸다.

삼십여 년을 장롱에 묵혀둔 목화솜 이불 한 채를 새로 탔다. 꽃솜이 깨끗해서 고운 이불 서너 개가 만들어졌다.

그중 진분홍 초록의 차렵이불 아리따운 고전古典 한 장을 감고 목화밭으로 간다.

아스라한 추억의 꽃맛 속에 너른 목화밭이 잠긴다. 굳어 있던 꽃숭어리가 부풀고 신혼의 단꿈마저 서린다.

밤은 날마다 내가 만나는 목화밭이다.

*

한가위 둥근 달이 명징하다.

가을 손이 걸어 두었으니 청명이 더할 나위 없다. 저 보름달이 소요하는 길을 따라 마음도 따라간다. 품고 있던 소망도 올리고 비칠거린 삶도 드러내 이 한밤을 속죄하고 싶다. 동심으로 돌아가 계수나무도 떡방아 찧는 옥토끼도 만나고 싶다.

*

다 벗은 나무에게서 듣는 경전. 겨울과 봄 사이 산 중턱 올라보면 대웅전 한 채가 산뼈 사이를 거닌다.
    열반의 사리로 채운 나무에서 스며 나오는 법경이 어떤 우거짐이 되기까지 번민하는 눈길이 보인다. 나를 다그쳐 세상을 조금 밀어놓은 뒤, 새 법열 앞질러 만나러 산 오르다, 산 오르다.

*

모자를 깊숙이 쓰고 걷는 내가 동사무소 앞에서 눈물 글썽이는 줄 아무도 모른다. 딸이 사라진 주민등록등본 한 통을 섭섭히, 섭섭히 들여다보며.
    으레 '자'의 난에 담겨 있던 오누이였는데 딸이 보이지 않는다. 시집보낸 일 이제야 실감한다.
    간단히 이하 여백으로 끝나 있다.
    '그렇지! 딸이 함께 있던 주민등록등본 한 통 남아 있지'

찾아내 쓰다듬으며 가보家寶의 반열에 올려 놓는다.

*

선물 받은 꽃모종 오월로 접어들어 꽃 피었다. 하얀 순정인가.
모시적삼 살포시 받쳐입은 섬처녀들이다. 노란 꽃심지 하나씩 호롱을 밝히고 머언 바다 임 마중 마중이야.
철썩이는 파도 자락 닿을 리 없건만 수수한 꽃초롱 휘어지도록 애잔히 대롱거리는 '섬초롱꽃'이 어둑한 섬인! 나를 밝혀준다.
박정만 시인의 〈작은 연가戀歌〉가 들려온다.

> 사랑이여, 보아라
> 꽃초롱 하나가 불을 밝힌다.
> ……
> 너와 나의 사랑을 모두 밝히고
> 해질녘엔 저무는 강가에 와닿는다.
> ……

*

1985년 9월 발리 바다는 푸르게 출렁거렸다. 수평선과 삭은 모래 밀려오는 부드러움 사이 '찰깍' 풍경이 되어버린 그녀.

챙 넓은 모자가 바람을 열고 오렌지색 긴 리본이 따라간다. 어여쁜 조가비 감춘 바다 한 장이 탑승하고 물결은 여직 밀려오는 중.
들어올려진 아침 해변이 아슬히 벽에 걸리곤 했다.

*

무궁화 서너 송이 내 곁을 지나간다.
태극기 흔들며 애국가 부르며 무궁화는 언제나 그렇게 지나간다. 뛰어난 향기도 화려도 아닌 연민스런 우리 꽃이.
싯발 송송이 하늘로 솟았건만 주눅 들어 힘이 없다. 요즘 더욱 초췌하다. 빛깔조차 흐리다.
"우리나라꽃/ 우리나라 꽃/ 삼천리 금수강산에 우리나라 꽃."
앳된 학생들의 합창, 그때의 순수함이 얼마나 그리운지요.

*

너를 보고 있으면 자욱이 눈물이 오는 길을 알겠네. 선연히 웃음이 오는 길도 보이네. 눈물과 웃음이 손잡고 영원까지 절친하게 가리라. 그리워서 고인 눈물이 웃음기로 흘러감은 모정의 몫, 그런 힘 쪽으로 날마다 기울며 산다.

*

 구도의 길로 접어든 난蘭이 나를 본다. 내가 난을 본다. 고요의 정점인 양 연록의 맑은 꽃을 머금고 있다. 번민하는 것들을 난잎으로 자르고 나도 꽃처럼 적요해진다. 몇개의 곡선만으로 가부좌한 저 단아를 닮고 싶다.

*

 그늘은 기다려주는 곳이다. 들뜨지 않고, 군소리 없고 고요히 쉴 곳이다. 경치도, 산울림도, 바람도 슬며시 쉬는 곳이다. 빛나지 않는 그가 빛남을 위해 받쳐주는 노고를 평화스런 인내라 해도 좋으리.
 온갖 것을 간직하는 품성은 숨어 있는 듯, 손 닿지 않는 듯해도, 사유思惟는 늘 그 속에 있기에. 서늘함과 따스함이 한데 어우러진 고요를 사랑한다. 명상의 속뜰 같은 그런 그늘을 사랑한다.

*

 영혼의 반을 그림자에게 준다. 나보다도 더욱 나를 잘 아는 벗이 아닌가. 나의 흔적을 묶은 너에게는 남길 터이다. 홀로가 홀로를 견뎌내는 애젖는 위로 때문에 영혼의 반을 나누기로 한다. 그러나 아직도 나는 나를 찾고 너는 너를 찾고 서로를 찾으며 헤맨다. 영원히 만나지 못할 잎새와 꽃처럼.

　그림자여, 나를 따라다니느라 더러, 온몸 젖는 이슬도 지녔으리. 물 위에 기름처럼 떠돌기도 했으리. 시詩의 가지에 걸려 밤을 하얗게 새울 때 설핏, 네가 아파 보이던 기척. 언제나 소슬한 내 그림자에게 영혼의 반을 내민다.

PART 3

작은 소묘 셋

그 나비

투명한 날개의 나비 한 마리가 백지 위에 실린다. 강원도 원주 '토지문화관' 금잔화꽃에서 지금 이리로 날아왔다. 하마터면 누구의 등산화에, 구둣발에 으깨졌을 꺼져가던 생명의 마지막 떨림을 안고.

그 아침 숙소 문 앞에서 꽃잎인가 하고 주우려던 내 손길에 잡힌 건 기진한 듯 날지 못하고 한쪽 날개만 미세하게 떨고 있는 흰 나비였다. 해맑게 펼쳐진 날개 왼쪽 아래에 찢긴 작은 구멍이 있었다. 상처! 그랬다. 그 고통 때문에 평행을 잃고 더는 날갯짓을 할 수 없어 그곳까지 와서 엎어지고 말았나 보다. 아픈 날개 오그리고.

'어느 잔가지에 찔렸을까'

'심술궂은 벌레의 침범 때문이었을까'

손바닥에 올려놓고 한참을 온기로 쬐어주며 마음으로 쓰다듬었건만 날아오를 기적은 일지 않았다. 가만히 주위를 살펴보다가 만발한 금잔화 꽃송어리 위에 얹어주며 작별을 고했다. 귀여운 꽃들이 감싸주리라.

원주의 숲을, 들판을 하늘거리며 날았을 고운 몸짓을 생각한다. 나의 '측은지심' 속에 나비 한 마리도 보태진다. 짧은 생애를 애처롭게 마감한 한 마리 작은 영혼을 위해 모든 곤충들이여 애도하라 싶다. 추절추절 비 맞는 마음 들추며 이따금 나는 그를 만날 것이다.

'나비야 청산 가거라'

가을 언저리

선승禪僧이 삭발을 한다. 절 마당 돌확 넷에 넘쳐흐르는 물 곁에서 삭발을 한다. 붉게 물들어 슬그머니 떨어지는 단풍과 노오란 은행잎의 가벼운 뛰어내림도 삭발인가. 심산유곡을 타고 흘러온 산물 더불어 모두가 삭발을 한다. 경건한 의식의 속 뜰에 어리는 빛깔들. 가을이 지나가다 제 그림자에 잠긴다.

몹시도 맑은 풍경 소리가 여울이 되어 번진다. 뭉쳐 있던 허공의 구름 떼 풀리어 가는 줄. 찐득하게 살아온 내 삶의 파편들에게도 맑은 물빛 들이고 싶다. 무너져 내리는 내가 되기 전에 저 가을처럼 삭발하고 싶다.

생生

지고지순至高至純한 사랑을 위해 살기로 했던가. 사그라진 꿈 조각을 붙들고 탁류에 밀린다. 아무것도 지니지 못한 허전한 사랑에는 한 곡조 노래라도 불러 줄 일이다. '아름답다' 이 말밖에 더는 잇지 못할 그런 숙명을 위해 한 사람 갖길 원했다.

어둠으로 돌아눕는 아픔들을 매만져 보며 남아 있는 생애를 그려본다. 어쩌면 사랑도 내겐 호사가 아닌가. 그런 호사 쉽게 누릴 수 없는 일 아닌가.

망부석도 돌아서는 이 시대에 내 지금 지고지순을 말하려 들다니. 그립지 않음이 죄가 되는 회오 속에서 눈물인들 흘리지 말 일이다.

'너무 늦었군'

고단한 바람이 툭, 어깨를 친다.

PART 3

그리움 가까이

영혼을 호사시켜 주었다. 비 뿌리던 한여름 밤에 누렸던 더할 나위 없었던 호사. 메말랐던 내 영혼에 대한 각별한 선물이었다. 번쩍이는 한 줄기 섬광에 맞아 다시 생기 돋는 기운으로 나를 두드려 주었던 울림을 잊지 못한다.

2008년 한산대첩기념제전 행사 중 백미로 여겨졌던 〈창작 뮤지컬 이순신〉이 그랬다. 나포리 한실바다 멀리로 청아하게 울려 퍼지던 장렬한 선율의 여울에 휩싸인 날, 테너의 열창은 빗줄기를 타고 황홀하게 흩날려 내 꿈결까지 따라왔다.

"아름다움이여, 행복함이여!"

감동에 겨웠던 내 영혼의 말이 아니던가. 그 밤, 성웅 이순신 장군은 뮤지컬 속에서 다시 살아났고 국운을 짊어진 장수의 고뇌와 고독, 승전과 목숨 다한 장렬한 최후까지를 다시 더듬어보게 했다.

 양쪽 화면으로 흘러내리는 시구 같은 가사와 음향의 북소리, 조명, 무대를 휘돌던 거북선, 왜선과 더불어 뮤지컬 배우들의 열정과 혼신을 다한 연기와 열창의 조화는 충만했다.

 한산 앞바다 가까이 바로 지척인 두룡포는 극적인 묘미를 한층 더 실감나게 이끌었다. 4시간여 동안 누렸던 호사. 영혼의 감동이 극에 달할 만큼. 마냥 설레이던 시간은 하늘을 수놓은 무지개의 펼침같이 가슴을 적시고 아쉬움을 남기고 그리움으로 감돈다.

 일주일 뒤 나는 다시 공연장이었던 해양공원을 찾았다. 이미 사라진 무대와 객석이 있던 텅 빈 공간 어디쯤을 거닐며 소슬히 솟은 몇 그루 나무를 쓰다듬어 보았을 뿐이다.

 강물처럼 흐르는 물목엔 항구를 빠져나온 작은 배가 떠나고 물새 몇 마리 노을 지는 물가를 돌고 있었다.

 나 또 어느 날에 다시 그런 아름다운 행복에 잠겨 볼 수 있을는지―.

 쓸쓸해진 영혼을 바라본다.

PART 3

봄

어떤 빛깔로 나의 봄을 채색할 수 있을까.

지는 꽃잎을 바라보며 꽃잎들이 떨며 가는 길을 바라보며 상념에 잠긴다. 하느작하느작 시나브로 흩날리는 벚꽃 사이로 진분홍 꽃신 당혜를 신은 아이가 걸어온다.

모본단 색동저고리에 금박 두른 다홍치마 차려입은 유년의 내 모습이. 신랑 신부 앞장서서 꽃잎을 뿌리던 화동이 되어 오기도 한다. 어머니가 손수 만든 리본을 머리에 꽂고 사뿐히 사뿐히 꽃잎을 날리며 온다.

들국화 꽃수가 놓인 하얀 원피스 차림의 꼬마둥이, 우리 나이로 다섯 살이던 내가 엄마 손잡고 팔랑거리며 유치원을 옮겨가던 그 가을날 아침도 온다.

향기롭고 천진하고 꿈이고 기쁨이고 어여쁨인 사랑의 행렬.
이곳저곳에서 이런 꽃들이 피어나면 그을렸던 기분도 걷힌다.
사랑의 악보 같은 색색의 꽃음을 들으며 아픈 시간의 기억도 지워본다.

참으로 사랑스러운 시절이었거니 −.

아직도 나는 무구한 어린 시절을 풍경으로 떠올리며 어룽어룽 마음을 부리곤 한다. 미소도 고움도 그곳에 있고 그편에 서서 엿보며 그리워하며 이슬 같은 맑음에 마음을 헹군다.

며칠 전 딸이 낳은 아기가 다녀갔다. 십사 개월째인 외손주다. 감기 들세라 목에 감아주었던 얇은 스카프엔 아기 냄새가 소롯하다. 사랑스럽기 그지없어 눈을 뗄 수가 없었다.

아장아장, 뒤뚱뒤뚱 걸음마를 걷는 아기, 여덟 개의 예쁜 이를 드러내며 환하게 웃는 아기, 머리카락 한 올에서 발톱 끝까지 사랑스러움으로 가득하다. 여리고 어린 작은 사람이 우리들의 대장이 되었다.

유년의 나와 아기를 봄길에 세워본다. 향기롭고 천진하고 꿈이고 기쁨이고 어여쁜 사랑의 행렬. 이곳저곳에서 이런 꽃들이 피어나면 그을렸던 기분도 걷힌다. 사랑의 악보 같은 색색의 꽃음을 들으며 아픈 시간의 기억도 지워본다.

내 봄의 빛깔은 아기 빛깔이다. 내 유년의 빛깔이다.

삶의 봄이여,

짧은 봄이여,

꽃은 가도 작별하지 못한 나의 봄이여.

PART 3

여 백

여백을 건드린다. 말 없음의 여백에 깃들어 있는 호젓함에 잠겨 나를 바라본다. 섬세한 무늬를 지닌 이곳엔 홀로라야 누리는 다감한 감성이 있다. 행간 사이의 고요가 안고 있는 절대의 자유.

연민하고 위로하고 회상하는 내 그늘의 실체를 들여다본다. 이따금 시줄을 엮다가 선율도 풀어준다. 내 열 손가락으로 짚어가는 건반의 음계들은 모두 여백 사이로 흘러든다. 그 흐름을 타고 가는 조촐한 빛에 섞여 삶의 자락을 적신다.

고단하고 어수선한 길을 빙 도는 오솔길은 찻잎을 띄운 듯 그윽한 기운이 돈다. 나를 벗는 물의 시간, 흩어진 발자국을 다독여 들이는 길.

오늘은 오페라의 아리아들로 내 오후를 어루만졌다. 〈남몰래 흐르는 눈물〉〈어떤 개인 날〉〈별은 빛나건만〉〈넌 왜 울지 않고〉〈무정한 마음〉〈그대의 찬 손〉〈오묘한 조화〉〈노래에 살고 사랑에 살고〉…….

흠뻑, 아리아 속으로 잠행하는 동안 지나간 시간들을 반추한다.

고전문학 세계명작의 주인공들을 흠모하고 연민하고 감동하며 책 속에 푹 빠져 살던 감수성 예민하던 학창시절 그 순수함이 그립다.

고전문학의 극적인 절정 같은 저 아리아들, 굳어 있던 감성이 풀리고 나도 모르게 차오른 비감은 잊고 있던 슬픔도 끌어온다.

비애로움이 선연해지는 가을날, 아름다움이 간직한 슬픔기는 허전해지는 세월이 나를 바라보는 시선 같다. 유한한 생이 애달파진다.

진실로 나다운 나는 무엇인지—.

혼자만이 아는, 혼자만이 거느리는 영혼의 몸짓?

삶의 견딤인 줄 아는 이 미동의 행보를 나에게 베푸는 측은지심의 봉헌이라 여긴다.

말 없어도 가득한 행간의 언저리를 감돌던 선율이 고즈넉한 여백의 뒤안길을 돌아간다.

PART 3

기쁨의 발달

"안녕 하떼요"
"한머니 머해"
"샤믹 아파츠"

인사도 하고 삼익아파트에 사는 할머니는 지금 뭐하고 있느냐는 뜻이다. 손전화기로 들리는 24개월 된 손주 녀석의 예쁜 목소리. 나는 쓰러질 만큼 행복해진다.

그 며칠 후 주말에 제 엄마 아빠랑 다녀갔다. 못 본 지 한 달 새 조금 더 큰 듯하고 말귀도 더 알아듣고 예쁜 말도 늘었다. 놀라운 것은, 잠들기 전 제 어미 곁에 누워 뒹굴면서 흥얼거리는 것이 노래인 것 같아 들어보니 동요 〈섬집아기〉였다.

'엄마가 섬 그늘에 굴 따러 가면 아기가 혼자 남아 집을 보다가 바다가 불러 주는……' 여기까지를 너무 귀여운 발음으로 몇 번씩 계속해 부른다.

두 소절 반이 곡조도 맞고 가사도 맞다. 내가 따라 부르니 "아니야 아니야"하며 웃는다. 자기가 잘한다는 뜻일 게다. 말로 표현하기조차 힘든 그 사랑스러움이라니.

이제 갓 두 돌이 지난 어린것이 이렇게 어렵고 좋은 동요를 부르리라곤. 제 어미가 잠재울 때 가끔 불러준 적이 있다는데 아기 마음에도 스며들었는지. 일주일 전부터 기분 좋은 듯할 때 부른단다.

우리 아기가 이 세상에 와서 처음 부르는 노래가 〈섬집아기〉다. 대부분의 아기들이 처음 익혀 부르는 곡이 〈나비야 나비야〉일 텐데. 풀밭을 돌아다니는 개미를 잡아 벤치 위에 올려주며 "개미 아저씨야, 우리 동하고 놀아라." 했더니 소리치고 놀면서 "아져찌" 한다.

아기 사진만 보아도 속가슴이 환히 열리고 미소가 차오른다. 커가는 모습들이 맑고 밝은 기운을 듬뿍 건넨다. 이것도 손주 자랑에 들어간다. 다 아는 얘기들이라고. 욕먹을 것이다.

어쩌랴, 내 새끼의 이쁜 새낀데, 내 첫 외손준데.

아직 익숙지 못한 할머니란 호칭을 우리 동하에게만은 허락한다. 스쳐가는 시간이 아깝다. 그러나 기쁨의 발달 아닌가.

베란다 아이들이 궁금하다. 저 녀석들도 밤새 잘 지냈는지. 오늘은 기어이 새로 넣은 필름에 담으리라. 내 손바닥 한 뼘 반 정도의 작은 키로도 제법 모양새 있게 가지 뻗고 선 분 속의 홍매화가 키워내는 매실 두 개다.

한 녀석은 가지 머리 쪽에, 한 녀석은 배 쪽에 튼실히 달려 있다.

오늘은 뙤약볕에 나앉아 볕을 쬔다. 물도 마셨고 영양제도 먹는 중이다. 재작년 첫 열매를 맺었을 때 너무 대견스러워 쓴 시 한 편 보탠다. 참 많이 사랑했다.

    꽃 진 가지
    청매화 열매 하나
    오독오독 크더라

    분盆에서도 당당한
    잘생긴 소년 하나

    너를 보러
    날마다
    베란다로 나간다
            —⟨동거⟩ 전문

열매가 기어이 가지를 떠났을 땐 잘 거두어 도예 꽃접시에 담아 오래도록 모셨다. 작고 여린 것들이 살맛을 더해준다.
천진난만의 힘, 애지중지의 힘.
사랑스런 천사가 대장이 되어 나를 진두지휘한다.
나는 충실한 부하 "네, 네, 네" 하며 산다.

PART 3

고풍의상古風衣裳과 함께

―라미라레솔라레미솔*―

아르페지오* 여운의 끝자락쯤에 숨겨진 그림자.

익히 알 것도 같고 낯선 것도 같아 한참을 바라본다.

짚어보는 음계를 따라 휘영청 달빛이 비쳐들고 부연 끝 바람도 일어온다.

하늘로 차오르다 멀어지는 구름무늬의 바람이 건반을 더듬는다.

그 봄밤으로 나도 물들어 간다.

고풍의상, 음률을 수놓던 작곡가도 작사를 쓴 시인도 이미 고전이 되었다. 나는 이 밤 풍광 수려한 통영의 문설주에 기대어 비칠 듯 나설 듯 사무쳐오는 한국적 가락의 이음새를 건너간다.

호접인 양 사뿐히 휘돌아도 본다.

내 젊음의 아득한 옛길이 선율에 감겨 다가오면 불현듯 글이 되고 싶은 심사에 젖는다.

모국어의 결로 펴보는 나만의 치달음이 있는 날엔 가뭇해진 설렘의 끄나풀을 잡은 듯도 하다.

그리고 윤이상!

이념을 떠나 통영이 낳은 위대한 음악가인 그를 생각한다. 순수한 예술성 외에 더 무엇을 섞을 것인가.

격 높은 음계의 빛깔, 음계의 무늬, 음계의 생각과 숨결을 공유하고 싶을 뿐이다. 그의 가슴 고풍의상엔 비애를 쓰다듬는 듯한 아르페지오의 울림이 많다. 또 짧은 꾸밈음의 흥취가 산조의 멋을 풍긴다.

솟구치다 흐르고 이어가다 멈추는 마음 묻힌 연모戀慕가 쉼표 속에도 고여 있다.

시의 사연을 그림처럼 떠오르게 한다.

원願을 위하여 예술은 있다.

생명이 넘치는 예술.

그렇다, 영혼으로 추구하고 창조하는 빛의 길임에.

오선지에 그려진 섬세한 음률을 거듭 울려본다.

호젓이, 감성의 촉수를 밝혀 놓고 고전적 그윽함 속을 거닌다.

불후의 명작 한 편을 읽고 또 읽듯이.

고풍의상에 내비치는 호장저고리 열두 폭 치마를 내 것인 양 걸쳐본다.

고운 향그러움이 감돌다 사라진다.

* ꊿ 페르마타fermata · 늘임표 : 박자나 쉼표 위에 있을 때 2~3배로 음을 늘여 준다. 겹세로줄 위에 있을 때는 마침표로 쓰인다.
* 아르페지오arpggio : '하프를 연주하다'에서 유래하는 말로 화음의 각 음을 연속적으로 차례차례 연주한다.

PART 3

어린 행적

　창문 밖 벚꽃나무 잎새가 발그레 추색이 돈다. 바람에 흔들리는 잎새들을 보고 있으려니 "까르르 까르르 토도도독" 감꽃 떨어지는 소리가 난다. "툭" 어디선가 감 떨어지는 소리도.

　지금은 깡그리 사라진 그곳(친정집)은 대형버스가 드나들도록 시멘트로 발라버린 넓은 교회 마당이 되었을 뿐이다.
　큰길가에 위치한 적산가옥 이층집이 우리 집이었고 집 옆의 좁은 골목 안에 유치원과 교회가 있었다.
　나는 우리 나이로 5살 적부터 그 유치원을 다녔는데(나중에 유치원을 옮김), 그래서인지 유치원 마당을 내 집처럼 들락거렸다. 동네 아이들과 그네도 타고 미끄럼과 시소를 타고 놀았다. 텃밭도 있었고 여기저기 석류나무, 은행나무, 감나무, 종려나무가 서 있었다. 화단엔 은방울꽃, 수선화, 장미, 해바라기, 봉선화, 달리아, 접시꽃, 금잔화들이 피고 졌다. 여름날엔 접시꽃을 콧잔등에 붙이고 돌아다녔고, 봉선화 꽃을 따서 서툴게 꽃물을 들이기도 했다.

 바람은 잇달아 감나무에게로 간다. 떨어지던 감꽃 향기가 도는 것 같다. 우루루 뛰어다니며 감꽃을 줍던 조무래기들이 보인다. 달짝한 감꽃을 먹기도 하고 실에 꿰어 목에도 걸었다. 감이 익는 가을엔 아침 일찍 동생들 몰래 살금살금 들어가 두리번거리던 나만의 비밀은 떨어진 감을 찾아내 줍는 일이었다. 하늘의 별따기 같던 높은 가지의 감이 한 개라도 떨어져 내 손에 쥐어지면 어찌 그리 좋던지. 떫어도 좋고 달콤해도 좋고. 내 유년의 발자국을 따라 그런 추억이 돈다.

 어린 소원 하나를 더 들자면, 우리 집 건너편 구멍가게 종이뽑기 판에 매달려 있던 분홍 구슬 목걸이다. 마음을 끌던 그 구슬 목걸이가 지금도 아른거린다. 눈빛을 반짝이며 뽑아보면 내게는 사기로 만든 닭이나 돼지, 토끼 정도의 쓸모없어 보이는 노리개만 걸려 들었다. 명절 때면 내다 걸렸던 것 같은 뽑기 판의 목걸이는 한 번도 나의 것이 되지 못했고 몇 달이 지나도 그대로 달려 있었다. 아예 누구도 뽑아가지 못하게 되어 있었는지, 내 뽑기 재주가 신통치 못했는지……. 그 후론 목걸이의 존재도 잊었고 갖고 싶은 마음도 없어졌다.

바람은 나를 유치원 마당으로 데려갔다가 구멍가게 앞으로도 데리고 간다. 하찮은 이런 일들이 수필이 될 수는 없지만 맴도는 추억의 한 귀퉁이를 조금 도려내어서 시드는 세월 위에 얹어보는 중이다. 공기놀이의 자잘한 돌멩이도 성장의 바탕에 깔려 있는 자연과의 소통이었다. 조개껍질, 나뭇잎, 사금파리, 흙, 풀들이 다 요긴한 소꿉도구였으니. 양지쪽에 모여 앉아 놀던 소꿉놀이 내 생애의 봄 이야기가 물드는 잎새 속에 번진다. 인생의 마중물 같은 어린 시절이. 토닥토닥 두드려주고 싶은 천진했던 행적이 솔솔 웃음 짓게 한다. 달 속에 산다는 토끼를 믿고 싶고 계수나무 아래서 떡방아도 찍고 있을 것이라고 믿는 잃고 싶지 않은 동화처럼 그리운 옛 생각.

진실로 나다운 나는 무엇인지…….
혼자만이 아는, 혼자만이 거느리는 영혼의 몸짓?
삶의 견딤인 줄 아는 이 미동의 행보를
나에게 베푸는 측은지심의 봉헌이라 여긴다.

제21회 경남예술인상 공로상 수상

PART 4

기도하는 나무처럼

PART 4

합장하고 싶다

 연민의 밭이 넓어간다고 시詩를 쓴 적이 있다. 마음이 풍요로워져서가 아니고 관심의 대상이 측은지심이나 천진난만함에 쏠려가기 때문이다. 그런 것만 마주쳐도 마음이 열리고 맑아진다. 속가슴 깊은 곳에서 솟아오르는 함박웃음의 진원지는 아기들이고 사랑스러움에 겨워 애잔함이 깃들기도 한다. 어린것, 여린 것, 호젓한 것, 쓸쓸해 보이는 것들이 마음을 당긴다.

 귀여운 아기들에게, 소슬한 나무들에게, 골목길 민들레에게, 꽃숭어리 한 송이 매달고 홀로 선 봉선화에게, 산 중턱 뚫린 길에 줄지어 선 작은 맨드라미에게, 보랏빛 풀꽃 울 것 같은 낌새에게, 가을 언덕 하얀 구절초에게…… 합장한다. 영혼의 젖어듦이 저절로 그렇게 만드는 것이다.

 성호를 긋는 가톨릭 신자인 내가 부처님 아니라도, 불자 아니라도 두 손 모으는 이 수그림은 절로 이는 마음결이다. 우러러 받드는 마음이 합장일진대 내 속가슴 뜰에 심어지는 것들은 모두 애틋해 우러러 받들고 싶다. 심중을 긋고 지나가는 징 소리처럼 긴 시간 감동으로 여울진다.

 어느 해인가 베란다 돌확 물속에 뿌리내리고 자라던 물옥잠이 한꺼번에 일곱 개의 꽃대를 올리고 청초한 연보라 꽃들을 환히 피운 때가 있었다. 설레임 같은 기쁨과 신비로움은 이루 말할 수 없었고 한낮까지 활짝 피어 있는 것 보고 나갔는데 저녁에 돌아오니 모두 폭 꼬꾸라져 시들고 있었다. 일어날 줄 모르는 여린 생명이 원망스럽고 애잔해서 합장했다. 그 후로 많이 엉긴 뿌리를 솎아내고 정돈해 준다는 게 잘못되었는지 다시는 그런 꽃을 못 만났고 시름시름 지내더니 다 사라지고 말았다.

 또 구해 심지는 못했으나 어디서든 물옥잠 보면 그 꽃들을 생각한다.

 미륵산 미래사 연못에, 진양호 호수에 방생했던 오랫동안 정성 들여 키우던 청거북을 합장하며 보냈다. 진양호 호수 깊은 곳으로 헤엄치며 사라지던 녀석은 나를 돌아보며 두어 번 절하는 듯하더니 보이지 않았다.

　저물녘 저수지 나뭇등걸 우듬지에 올라서서 하염없이 석양을 바라보던 새 한 마리 처연해 보여 합장했다.

　잘린 나무둥치 곁에 아장이는 아기처럼 서서 고갯짓 갸우뚱거리던 강아지풀 하나 사랑스러워 합장했다. 이 세상 오는 길 가는 길 다 다르지만 생명으로 태어나 사는 것은 다 의미롭다. 연민의 밭이 넓어갈수록 내 합장도 깊어진다.

　좋은 글을 읽으며 영혼이 따라 거니는 음악을 들으며 마음을 사로잡는 경치에게, 그림에게……. 내가 담긴 고즈넉한 집에게도 합장한다. 나만의 합장을 한다.

PART 4

사마귀와 놀다

마른 잎으로 떨어져 눕는 가을을 바라보며 참 멀리 온 내 삶의 길을 생각한다. 중천에 솟아 있는 해가 서쪽으로 기울어지듯 또 한 해가 저물고 있다.

오늘은 여유롭게 해안을 도는 산책길을 택하고 걷다가 바다가 잘 보이는 오르막길 벤치에 앉아 잠깐 쉬기로 했다. 나뭇잎 바람이 나를 휘감으며 빗금 지며 흐르고 구르는 갈잎들이 아름답게 펼쳐 있는 곳이다.

운치를 즐기며 생각에 잠겨 있던 내 곁으로 한 마리 곤충이 다가 왔다. 옥구슬 영롱한 연둣빛 눈을 가진 한 마리 사마귀였다. 새뜻 한 어린 친구가 반가웠다. 이리저리 거니는 잰걸음이 멋져 사마귀 뒤를 졸졸 따라다녔다. 서글한 눈매가 젖어 있는 듯, 무엇을 찾는 듯, 또 무엇을 기다리는 듯도 하다. 제 꿈도 있으려니 싶다. 잎새를 밟고 넘고 하던 녀석은 어느새 찻길로 내려서는 난간 끝에서 멈췄다.

아스팔트 큰길엔 차들이 마구 달리는데 오는 차 가는 차를 눈여겨본다. 큰 눈을 두리번거리니 차들이 눈(目) 속으로 질주하는 것 같다. 난간 아래는 사마귀에겐 절벽에 가까운 거리다.

이윽고 녀석은 긴 앞다리 두 개를 아래로 축 늘어뜨린다. 꼭 수영선수가 입수(入水)할 때의 자세다. 저쪽 건너편 산마루까지 가고픈 심사임에, 건널 동안 어느 차에라도 치일 것인데 그래도 기회를 엿보며 감행하려 벼른다.

생과 사가 걸린 곡예가 아닌가. 천진한 생각만으로 목숨을 내어놓아야만 한다는 걸 아는지, 모르는지…….

일거수일투족을 지켜본다. 내가 붙들어서 선뜻 길을 건너줄 수도 있지만 이쪽 풀숲에 남아 있는 가족이라도 있다면 생이별이 될 텐데 안 될 일이다.

내 기척을 알려주려 바짝 곁에 붙어섰다. 무슨 적의라도 느낀단 걸까. 주춤하더니 다행히 내렸던 팔을 걷어 올리고 방향을 돌린다. 이제는 안전한 풀숲 쪽으로 옮겨줘야 할 것 같아 나는 손을 뻗쳤다. 날카로운 잔가시가 촘촘히 박힌 팔, 다리로 내 손등을 찌르는 감각이 아팠지만 나는 웃기만 했다.

곤충과 한나절을 노닥거린 시간이 가을 속에 엉기어 삶의 틈을 채운다. 어디서 왔느냐고, 어디로 가느냐고 서로 묻고 있었는지도. 찰나적인 생사는 생명 있는 모두가 안고 있는 일 아닌가. 수풀 속으로 점잖이 들어서는 녀석을 몇 포기 구절초와 내가 안도하며 바라본다.

바람은 연신 불고 서쪽으로 기울어지는 해의 걸음도 낮게 빛을 재운다. 물끄러미 바라보는 짓, 속마음을 알아채는 짓, 눈으로 쓰다듬는 짓이 내 여백에 그려진다. 오늘은 어둡지 않은 연두 빛깔 여백이다. 한갓 미물인 곤충의 혜안을 들여다보았던 시간이 추억의 갈피에 섞인다.

내 오던 길은 이어져 바다를 건너는 다리 위를 지나간다. 무구한 가을 한 장을 얻어 백지 위에 얹으며 오래도록 만나질 시 한 편에도 깃들게 한다. 떠나도 남는 것의 자취를 위해.

      잰걸음으로 고갯마루를 거니는
      녹두색 연미복 차림 늘씬한 사마귀
      옥구슬 또랑한 눈망울에 걸려

      나를 보는가
      흘러내리는 마음을 보는가

늦가을 잔등 위 진득 어울린 것 즐겁고

쓰르르 쓰르르

감기는 낙엽도 좋아

바람들 둘둘둘 빗금 지는데

큰길을 건너고픈,

차들 눈(目) 속으로 질주하는

곡예를 거는

녀석,

난간 끝 서성임 위태로워, 위태로워서

번쩍,

풀숲으로 들어 옮기는

수수방관할 수 없는 자연의 천진

사마귀 눈 맞추며

미소를 바꾸어가며

해 뉘엿하도록

놀다

길이

길을 모르고 떠나는
묘연한 행방끼리

나를 데리고 다닌 사마귀에게, 귀여운 친구에게 동글동글한 웃음으로 작별을 보낸다.

PART 4

만 남

    작은방 뒤 창문을 열자 풀벌레 소리가 귀를 깨운다. 창 앞에 선 청단풍 그루들이 잎새바람을 보낸다. 비 온 뒤의 바람이라 더욱 산들하다. 이 창 앞에 설 때마다 어여쁜 작은 날개로 허공을 흔들던 나비들을 떠올린다. 빈 하늘에 선명히 그려지는 아름다운 영상이다.
    작년 이맘때인 9월 초순 무심코 창을 연 내 앞에서 이제껏 본 적 없었던 고운 나비 한 쌍이 하늘거리고 있었다. 하양, 보라, 자주, 노랑의 물결무늬는 뚜렷했고 황홀하기까지 했다.
    어쩜!
    천상에서 내려온 하느님의 전령이랄 수밖에. 지상으로 소풍 왔다가 잠시 내 창 앞까지 당도해 나와 마주쳤던 것일까, 아니 일부러 나를 만나러 와 주었던 것일까.

　휘돌다가 이내 사라진 나비의 잔영은 지금도 선연히 남아 있다.

　그날 이후 내 삶의 한쪽엔 곱고 고운 빛깔의 나비가 무늬져 있다.

　몇 해 전인가.

　아파트 낮은 나뭇가지에서 천진하게 놀고 있던 어린 새와의 조우다. 층계를 내려 모퉁이를 마악 돌아서던 내게 너무도 작은 새가 오종거리는 게 보였다.

　노랑, 주황, 검정, 샛빛 깃털의 고운 새였다.

　작은 새를 본 순간 나는 대뜸 "콩새야"하고 불렀다. 사랑스런 새를 향해 불렀던 내 부름에 저쪽 가지에서 또 한 마리 똑같은 새가 나타났다. 둘은 즐거운 듯 포롱거리며 이 가지 저 가지를 옮겨다니며 놀았다. 나는 꼼짝도 못하고 조용히 서 있었다.

　'콩새'라는 새가 이미 세상에 있는 줄도 모르고 선뜻 그렇게 지어 불렀는데 훗날 어느 시인이 보내온 시집 속에서 콩새라는 새가 실제로 존재하는 것도 알게 되었다.

　내가 만난 콩새가 시집 속의 그 콩새인지는 몰라도 지금도 나는 그 어여쁜 새들이 콩새일 거라 믿는다.

　그리고 잊지 못한다.

여기쯤서, 살포시 나비옷 입고 새가 되어
숲속을 배회하는 나를 만난다.

요즘 나는 그 숲의 나무들 때문에 산마루까지 오르곤 한다.

고즈넉하던 옛길도 넓어졌고 나무들도 줄고 포장된 부분도 많아 정취를 잃었지만 그래도 좋아서다. 산행이라기보다 산책 정도의 행보지만 잠시 지루한 동네를 벗어나 침잠하듯 산속으로 스며들어 넘보던 자연의 발치에나 닿아본다.

숨결 푸르른 여름 산은 물소리, 새소리조차 푸르고 쏴아한 벌레 울음도 푸릇푸릇하다.

이 나무 저 나무를 눈으로 쓰다듬으며 걷다가 한 자리에 발길이 붙들렸다. 예전에 미처 알아채지 못한 나무의 기이한 자태에 미혹당하고 만 것이다.

나무가 나무를 관통하며 자란다. 작은 나무가 우람한 나무의 몸피를 헤치고 들어섰다. 거리낌 없이 뚫고 뻗쳐 지나간 가지엔 싱그러운 잎새가 달려 있다. 몸을 내어준 나무의 움푹 길게 파인 상처 부위가 거무스레하다. 단단한 나무가 저렇게 파인 것은 곁에 붙어선 나뭇가지가 닿아 자라면서 어쩔 수 없이 파고들었다는 것인지…….

일부러 파고들도록 끌어안았다는 것인지…….

연리지連理枝! 그렇다. 연리지가 바로 저거로구나. 다른 나무인데도 둘이 한 몸으로 닿아 서로 결이 통한다는.

연모해서도 아닐 것이고 나무가 연목軟木인 무른 나무라서도 아닐 터인데.

  나무숲을 더 살펴보니 툭 불거진 가지를 큰 나무둥치에 꽂고 있는 키 낮은 나무가 보인다. 엄마의 젖을 물고 있는 아기처럼. 제 자식이 아닌데도 젖을 먹이는 중이다.

  몸이 몸을 합쳐 사는 사랑이 저렇던가.
  마음이 마음을 안고 사는 애틋함이 저렇던가.
  피하지 않는 것, 밀쳐내지 않는 것, 제 새끼인 양 보듬고 사는 것. 허나 나무들은 모두 의연하고 건강하다.
  연리지로 사는 삶이라면 영원에도 한 몸으로 닿을 것이다.
  나에게도 저런 인연 있었던가.
  저런 엮임으로 우리도 사는 것일까.

  마음결 어디선가 마스카니의 가극 〈카발레리아 루스티카나〉의 '오렌지 향기는 바람에 날리고 숲속의 새들은 노래를 불러……' 산토스의 합창이 울려퍼진다. 여기쯤서, 살포시 나비옷 입고 새가 되어 숲속을 배회하는 나를 만난다.

PART 4

소요消遙

*

법열을 익힌 꽃들을 유심히 본다.

사바를 벗어난 듯한 속길 그 궁금도 살펴본다. 수련이 떠 있고 연꽃이 솟아 있고 봉오리들 기다린다. 연꽃을 들어보이던 가섭은 없어도 부처님 동자승 아기자기 둘러계신 절 마당귀에 앉아 경전인 양 꽃들을 읽는다.

법고 소리, 풍경 소리, 범종 소리가 절 빛을 물들인 산사는 모두 불전이다. 종교의 저편을 따로 가를지라도 세상 안의 시름을 기대는 위로와 염원의 길은 같을 것이다.

이런 날은 한 겹의 번뇌라도 씻기는 느낌이다.

*

TV에서 눈물이 고여 있는 여인을 본다.

그 눈물 속에 들어 나도 울고 싶다. 연유일랑 묻지 않고 그냥 울고 싶다. 살다가 울고도 싶은 날, 저렇게 눈물 고임을 만나 젖은 눈에 잠긴다. 젖은 눈 바깥의 세계도 가슴을 짓누르며 울 때가 많다.

*

내 이런 밤에 왔던가.

소슬히 하늘이 솟고 둥근달이 우주의 얼굴로 뜨는, 두 손 모으는 이가 많은 이 가을밤에.

어린 아기 나 첫울음 울었나 보다.

너무 명징해서 외려 두려운 두둥둥둥 서라벌 북소리도 울린 것 같고 오동꽃 피어오르는데 창망한 하늘을 이고 온 달빛 속 호젓이 찍히는 내 발자국.

*

모자 하나 눌러쓰면 스르르 내가 덮인다.

빛 부신 햇볕도 한풀 꺾이고 바람도 꼬리가 접히고 작은 빗방울들 비켜 간다. 빛부심을 핑계 삼아 조금은 가리고 싶은 나. 두리번거리지 않는 삶의 방편이다. 모자 안에서 나를 보는 광도光度 낮추는 내 행보를 오늘도 지그시 눌러쓴다.

*

금강산 여정 길에 지닌 솔방울 다섯 개는 청정하고 고적하던 노송이 떨군 시름 덩이다. 제 아픔 감추고 눈 덮인 숲에 뒹굴던 것, 북에서 남으로 숨겨온 유일한 흔적 솔방울 다섯 개의 자유를 돌본다.
그래, 이제야 너희라도 월남한 것이다.

*

3도 음정의 길이 가파르다.
쇼팽 에튜드 '거미'에 홀려 거미의 생애도 짚어본다.
행여, 깨금발 헛디딜까 안쓰럽고 빙글빙글 물구나무 곡예 휘청, 그의 집은 신비한 장막 한 장뿐.
아슬한 벼랑에 여윈 다리 걸어 놓는 마디마디 음계 사이로 이슬 한 줌씩 뿌려놓는 비애가 길게 아르페지오로 굴러간다. 호랑거미 선연한 빛깔이 반짝인다.

*

손에 쥐면 한 움큼인 자그마한 옛 도기 하나.

꽃병 같기도 하고 재미삼아 만든 소박한 장식품 같기도 하다. 몇 점 남아 있는 우리 집 애장품 중의 하나다.

가마에 굽기 전에 슥슥 손길 닿는 대로 새긴 풀꽃 두 포기엔 여덟 개의 꽃망울이 도록도록 맺혀 있다.

요모조모 새삼 살펴보며 천진스런 솜씨에 미소가 머금어진다. 아래쪽은 땅을 표현한 듯 둥그스레 구분 지어졌고 땅 사이로 솟아나게 한 풀잎의 뻗침이 무구하고 정겹다. 진흙에 오래 묻혀 있다가 발굴된 것인 듯 흙이 무늬에 박혀 굳었다.

작은 도기 속에 담고 싶은 것들을 헤아린다.

정화수를 담으면 곡진한 기도가 될 것이요. 하늘을 담으면 우주가 잠길 것이다. 달리, 술을 부으면 멋들어진 술잔이 될 것이요, 물을 담으면 풀꽃 향기 짙은 물그릇이 될 것이다.

옛적 누구의 사연과 정을 머금었어도 내 마음을 담아 온 세월도 오래되었다.

파릇이 풀꽃 피어 풀냄새 자욱한 나의 방.

PART 4

마중물

*

담 위쪽으로 기와가 얹힌 흙돌담은 언제나 유년의 내 쓸쓸함이다. 기다림이고 첫 이별의 아픔이다.

거제군 동부면 가배리 일가친척 많은 동네로 우리 가족은 통영에서 6·25전쟁 피난을 갔다. 몇 달쯤으로 기억되는 피난살이 중 만 다섯 살 어린 내가 겪었던 절절한 설움을 잊지 못한다.

망연자실이라 해도 좋을 만한 돌연한 식구들과의 생이별. 잠들어 있던 동생과 나만 남기고 새벽녘 거제 읍내 장에 갔다던 식구들은 꼴딱 해가 지고 어두워져 다시 잠들었을 때에야 두른두른 들이닥쳤다.

그 하루 내 설움과 기다림이 얼마나 견디기 힘든 고통이었는지 아무도 몰랐다. 엄마도 아버지도 오빠도 업혀간 동생도. 섭섭하고 원망스러웠던 마음을 위로해 줄 선물은커녕 사탕 한 알도 없었다. 장도 서지 않아 살 것도 없고 고생만 했다는. 다시 터져나온 내 울음보 개의치 않고 다들 잠이 들어버렸다.

둥치 큰 포구나무엔 종일 쓰르람쓰르람 매미가 떼 지어 울었고 한 움큼 쥐어 준 옥수숫대 그냥 쥔 채로 나도 울었다. 동생은 울기는커녕 잘도 먹고 잘도 놀았다.

식구들이 오수목 고개를 넘어온다기에 우거진 숲 머언 산고개를 살피느라 눈이 아파도 참고 참았다. 원망과 반가움 섞일 상봉의 기대도 접히고 서럽던 눈물 고임만 남아 시인이 된 마중물 되었던가. 그 마중물 흘러버리지 않고 잠잠히 내 안을 맴돌다 통증 많은 시인의 젖는 마음 된 줄.

매미가 울고 옥수숫대가 넘실거리면 길고 긴 여름날 흙돌담에 기대어 흐느끼던 어린 내가 보인다. 바람이 다 데리고 간 풍경 속에는 지붕을 타고 오르던 하얀 박꽃이 환하고 작은 돌다리 건너 마당 넓은 덩실한 기와집 가던 고랑길도 보인다.

어미 소를 따라가던 '음매' 송아지 울음이 가깝다.

PART 4

모월某月 모일某日

*

 어둑해지는 해안을 돌다 아주 가까이서 그를 만났다. 검은색 회갈색 섞인 큰 물새 한 마리가 우두커니 바다를 보고 있었다.
 가늘게 뻗은 다리, 긴 곡선의 목줄기, 까만 눈동자가 하염없는 외로움으로 물가에 서 있었다.
 지나가는 배도 없이 물결만 번득이는 곳에서 기척도 없는 외로움끼리 나누던 고요한 시간.
 멀어진 날 뒤에도 물결 너머 사라진 잔영 못 잊어 뚜렷이 남은 그 쓸쓸함 내 허공에 그린다.

*

성당 계단에 납작 엎어진 꽃 한 송이 밟힐세라 엄지 검지로 일으켰다. 진분홍 얼굴 일일초의 어여쁨이 상긋했다. 손바닥에 올려온 고운 꽃 시집 속에 뉘였다. 어느 날 다시 너를 들추었을 때 시에 물든 그 봄을 기억하리라.

*

검정에게 손 내밀 때 많았다.
넉넉하고 깊어서 어두웠던 내가 들어서기 편했다.
낯익어 손쉬운 그를 아무데서나 끌어안다가 침잠하는 밤까지 내 허물 두르고 기대 사는 품 아니던가. 이 봄엔 그 그늘 속에 스며 있던 별 하나가 은은히 밝힐 연등을 달아줄 거라네.

*

〈걸어서 세계 속으로〉 TV 화면에 슬로베니아 풍경들이 펼쳐진다. 알프스 산도 보이고 작은 소녀 하이디도 보인다.
저곳엔 분명 해마다 파란 물봉선도 필 것이다.
'알프스 산에 축배를'이라는 자막의 글귀가 나를 압도한다. 마음의 축배를 보낸다. 세계명작집 속에서 뒹굴던 내 어린 추억이 새틋이 돋아난다.

*

눈물의 덮개를 보았습니다.

처연히 덮여 있던 시詩의 덮개겠지요.

들추지 않아도 다 들여다보이는 덮개는 순천문학관 정채봉 시인의 책《너를 생각하는 것이 나의 일생이었다》였지요.

갈대는 하도 울어 짭쪼름하게 젖으며 시든다고 하네요.

시인의 슬픔을 두른 마른 몸이 찾아온 나그네를 울려 기울어진 울음이 치렁치렁하는 것도 같고 삐죽삐죽하는 것도 같고 울음보 참고 걷는 아이와도 같고.

내게 순천만은 그런 곳입니다.

*

웅웅거리는 바람을 타고 새벽이 오고 있다.

불면의 자락이 휘감는 새벽을 걷는 길에는 메타세쿼이아 멋진 거인들도 줄지어 걷고 있을 테지.

거룩한 기운을 품고 그렇게 가고 있을 것이다.

하얗게 밤을 지샌 나도 고요를 따라 걷는다.

숨길 사연 없이 투명한 길을 지금 걷는 중이다.

*

　오랫동안 내 삶에 스미어온 CD 오페라 중 아리아들을 오늘도 영혼 속에 당겨 놓는다. 흐르는 대로 쓸려가는 숨결과 함께 거닌다.
　퍼셀 작곡 가극 〈디도와 아이네이아스〉 중 '내가 땅 위에 누웠을 때'에 이르면 사무침도 깊어진다. 먹먹히 가슴을 휘감는 곡은 오케스트라와 함께 테너는 절정의 음색으로 솟구치며 노래한다. 포르테, 포르티시모의 길고 장렬한 비감의 피날레는 오래도록 여운이 깊다. 이 곡의 작곡가와 테너가 몹시 그립기까지 하다. 기립박수 하고 싶다.
　어느 날 삶의 테두리에서 벗어나 나도 땅 위에 누우리라. 그때에 이 곡이 울려퍼진다면 아름다운 감동에 젖으며 눈감을 수 있을 것 같다. 음악은 가장 위대한 예술임을 절감케 하는 곡이다.

*

　유월 저녁머리 골목 담벼락 너머 백합 세 송이가 갸우뚱갸우뚱 바람을 흔든다. 꽃의 순결한 모습이 성모님처럼 고귀해 보인다. 양손에 무거운 짐을 들고 한참을 올려다보느라 정신을 빼앗겼다. 백합이 일렁이는 곳에 마음 한 가닥 세워놓고 주억거리며 이별하고 손짓은 나중에 하기로 하고.

*

슬픔도 힘이다.

진작에 알고 있었던 듯 시詩는 그 원초적 부축으로 나를 받쳐준다. 내 명命을 끌고 온 슬픔의 힘으로 시가 일어선다. 그렇듯이 수필의 내막도 시처럼 사유에 가까워야 마음을 굴린다. 푸른 시선 하나쯤이면 족하기 때문이다. 조롱이는 작은 열매 정도라면 내 흔적이 되리라. 아니, 열매의 그림자일지라도.

밀쳐내기 싫은 슬픔의 힘을 믿는다.

PART 4

행로行路

*

'불현듯이'란 말 옳다.

불현듯이 속에 오랫동안 잠겨 있던 속살이 앓다가 솟아나 이목구비 드러내는 것 쉽지 않지만 속이 깊거나 가볍거나 무겁거나 한 마음이겠거늘.

어둠이었을 때나 꿈이었을 때를 접고 응답해 오는 글자의 마음, 그런 마음 있어 살아가고픈 삶 아닌가. 골똘히 생애를 걸고 진지하게 나를 만나게 되는 '홀로'를 위하여 불현듯이 글자는 글이 되고 시인은 시가 되는 것이다.

*

 산허리를 가리는 숲에 덩치 큰 나무 한 그루 옹이가 만산창이다. 특별한 연민으로 나무를 바라본다.
 삭이던 아픔이 뭉친 것인지, 수액의 비감 속을 타고 흐른 어느 그리움 때문인지, 나무도 애 터지는 때 있었으리. 고단한 허리, 어깨쯤에 더 큰 멍울이 불거졌다. 가까이서 쓰다듬어 줄 수 없는 거리여도 관심이 쏠린다. 옹이 위에 앉아 울다 간 새도 여럿이었을 테고 스치던 별똥별도 떨어져 굴렀을 것이다. 유랑을 좋아하는 성미라 떠나지 못하는 발 묶임이 서러워 투덜거린 탓일까. 고뇌로움이 내 시름 견주듯 서 있다. 미끈하게 풀리어 나가지 못한 뭉친 멍울 위로 까마귀 떼 까악까악 울고 간다.

*

 닳고 닳은 삶의 모서리가 윤이 난다.
 호사시켜 준 일 때문이리. 건조했던 삶을 적신 격 높은 음률로 휘감았으니 이런 풍요만큼 좋은 것 있으랴 싶다.
 감성의 과녁에 꽂힌 선율의 힘!
 통영국제음악당에서 마에스트로 정명훈의 지휘로 감상했던 차이콥스키의 심포니를 다시 CD로 들으며 이 글을 쓴다.
 서울시향 대단원들의 연주로 감상한 비창 교향곡이다. 러시아 음악가의 위대한 작품이 도남벌을 찬연히 수놓던 그 밤을 잊지 못한다. 전율케 하던 먹먹한 감동이 저 곡에 흐르고 흐른다.

쏟아지는 악기의 폭포 속에 휘말리던 광활한 평원을 거닌다. 숭엄한 자연과 삶의 질곡이 내닫는 눈보라 혹은 이슬 속까지 아름다운 비감이 깔려 있다. 행복했던 시간의 영혼이 스르르 또 먹먹함을 머금는다.

*

내 아가의 여린 볼에 맺혀 있던 눈물방울이 보인다. 사십 년이 흘렀어도 어여쁜 애처로움은 그대로다. 조금씩 말을 할 줄 알던 돌잡이 아가가 엄마가 아픈 것 같아 보여 근심스런 눈물로 맺혔던 첫 슬픔이다.

지금 저기 문갑 위에 호동그레 올라앉아 있는 조그마한 곰 고무인형을 보며 그날의 눈물을 생각한다.

배를 꼭꼭 누르면 삐익삐익 울던 녀석. 아기 손에 잡혀준 첫 고무인형이다. 이제는 울음도 그치고 땟자국만 쪼르르 세월을 입었어도 똘망한 눈과 웃음은 그대로이다. 그 시절 흔했던 저 녀석이 혼자 남아 추억을 지켜준다. 그리운 추억을 들여다보다가 멀리 있는 아들을 그린다.

*

자연 아니면 어찌 살리 싶다. 무엇으로 나를 위로하랴 싶기도 하다. 강아지풀 하나도 내 관심을 끌기에 충분하거늘, 작고 여린 것들을 마음 안에 들인다.

신비로운 고운 것들과 함께 살게 해 주신 천지창조의 신神께 감사하며 자연을 만난다. 경천애인敬天愛人의 마음을 지니려 노력도 한다. 저 반짝이는 윤슬은 물결 위에만 있는 것이 아니다.

자연은 모두가 윤슬이다.

마음도 윤슬을 지닌다.

가까운 베란다의 화초에서부터 하늘의 별빛, 구름까지 윤슬이라 여긴다, 아니 윤슬로 빛난다.

측은지심이 더해가는 나이에 이르러 지는 꽃잎이나 잎새는 너무 섭섭하고 서럽다. 하물며 인간의 생명이야……. 위로하고 위로받지 못하면 아름다움은 없으리.

삶의 끝줄기에 매달리는 날 자연의 윤슬처럼 마지막 영혼만은 빛나도록 간수하고 싶다.

그런 꿈이 데리고 가는 나의 길에서.

PART 4

마지막 유산

　내 생애에 너울거리는 커다란 오동 잎새 하나를 들고 빗속을 걷는 가을이라니, 비를 묻힌 잎새가 나를 따라온다. 비록 군데군데 갈색 어룽이 생겼을지라도 더없이 곱고 정답다. 다시 만난 우리 오동이 떨군 잎새 한 장을 소중히 모셔가기 때문이다.

　작년, 이른 봄이었다. 아직 추위가 덜 가신 때라 가지들은 움도 틔우지 않은 때에 문화동 충무교회 마당과 맞닿은 주차장 틈새쯤 흙자갈로 단단히 덮인 굳은 땅을 뚫고 마른 풀들 사이에서 솟아나고 있는 어린 가지를 발견했다.

　눈여겨 살펴보니 오동나무 가지가 틀림없었다. 여기, 이곳에 웬 오동인가? 누가 심지도 않았을텐데 하는 의구심 뒤로 '아! 우리 집 그 오동이 아닌가' 하는 생각이 겹쳤다. 방향과 위치로 따져보아

우리 큰 오동나무가 서 있던 부엌 뒤 곳간 쪽이다. 문화동 168-1번 지이던 친정집이 팔리고 다른 사람의 소유로 되어 있다가 그 후 교회 소유가 되고 너른 진입구가 된 땅의 대부분을 주차장으로 쓰고 있는 줄 안다.

통영초등학교를 비롯하여 세무서, 목욕탕, 병원, 봉래극장 등 통제영 복원계획으로 사라진 동네, 그야말로 문화동의 오랜 삶의 역사가 지워지고만 꼴이다. 간혹 그 길로 접어들면 거덜 난 휑한 풍경에 마음이 아려온다.

저기쯤, 여기쯤, 나는 이런저런 집들과 건물, 가게 등을 옛처럼 세워보기도 한다. 사람도 떠나고 쓸쓸해진 동네엔 스산한 마음만 일어 발길조차 뜸했고 간혹 우두커니 서서 '그 집 앞'이 된 곳을 마음의 노래로 달랬을 뿐이다.

그런데, 기적처럼 다시 한 그루 오동을 만났으니 그 감회야말로 쉽게 표현될 수가 없다. 큰 나무가 잘리고 흔적 없는 집터 어둡고 깊은 땅속에 남아 있었던 뿌리의 오랜 고통과 아픔이 얼마였는지, 사람인 나는 알지 못한다.

긴 세월의 신음을 참고 헤매다가 헤쳐 나온 곳인 그 자리를 나 말고 누가 가늠하랴. 사라진 것들 속에 섞인 오롯한 나의 기억이 그 명맥을 이을 뿐이다.

당부하고 싶다. 교회 측에, 의연하고 훤칠하게 자라는 한 그루 오동나무를 지켜주고 보호해 주기를. 부디 다시 솟아난 그 자리에서 그대로 잘 자라도록, 간절히 부탁드린다. 피 흘린 아픔을 겪은 생명인 나무이기에 또한 우리 집 마지막 유산인 오동이 문화동과 충무교회의 상징처럼 여겨져 사랑받는 좋은 어울림으로 영원히 함께하길 염원한다.

일본식 적산가옥 이층집이던 우리 집 높이를 따라오르던 나무는 이층 창가에 앉아 수많은 책을 읽던 나를 늘 바라보았다. 까치·참새·굴뚝새 등 뭇 새들이 깃들며 노래하고, 별빛·달빛·햇빛에 잠기던, 빗물에·바람에·눈발에 몸을 씻던 나무였다. 보랏빛 고운 꽃초롱 주렁이던 봄의 아름답던 하늘 언저리 모두 환히 떠오른다.

이제 오동은 오묘한 손길로 다시 일으켜 주신 분을 따라 잘 자랄 것이다. 내년 봄엔 꽃도 만날 만큼 성숙되리라. 내 시집 속 시의 가락을 타던 가야금 거문고 산조도 들릴 법하고. 암흑 속에서 헤매다 겨우 길을 찾아 솟아난 한 그루 나무는 이미 나의 심중에도 심겨 자라고 있다.

그 그늘에 서서 사무쳐 올 옛 생각을 만나 보리라. 영유아 시절부터 나를 보아온 우리 오동의 자취는 그립던 연인보다 더 먹먹한 존재가 아닌가. 다시 만난 나무에게 시구 하나 보낸다.

커다란 잎새를 우선

오동의 얼굴이라 하자
그 모습에 반해
그립다는 말을 하기 시작한다
연민으로 솟는 자태
가을로 접어든 마른 잎새에서
이른 보라 보라 꽃초롱을 본다네

나무의 몸을 통해 회고하는 삶
깊어져
살고
사랑하고
사랑하고 살아
기다리는 이 모두는
애틋한 그리움이 오는 길이다

오동이여, 네 간절한 생 앞에서 때로는 경건해지기도 하리라.

PART 4

기도하는 나무처럼

봉숫골 산자락 아래 작은 아파트엔 할미꽃 한 송이 오래오래 피어 있었다. 미륵산 자락쯤으로의 내 산행 중 한 번씩 찾아뵙던 문 열린 작은 공간 주공아파트 110동 101호에는 할미꽃 같은 어머니가 늘 계셨다. 언제나 반가이 맞아주시는 어머니의 온화한 미소와 다정함에 불효함도 씻겨 갔다.

(중학교 교편을 잡고 있던 27살 나는 교리공부도 착실히 받지 않고 영세를 받았다)

제옥례 루갈다 어머님은 나의 대모가 되어 주셨다. 문학도 같이 하는 어머니는 내 친정어머니보다 두 살 아래로 같이 자라고 유치원도 함께 다니셨단다.

총명한 아이들이 자라온 옛 얘기들을 거동 못하시던 마지막 병상(통영 적십자병원)에서도 풀어놓으시곤 재미난 듯 천진하게 웃으셨다. 우리 어머니의 일러바침으로 유치원 고방에 갇혔던 일이 제일 잊히지 않는지 그 추억거릴 늘 얘기하시곤 했다.

또 어머니는 언제부턴가 내 손을 잡고 쓰다듬으며 성가 59번 '주께선 나의 피난처 의지할 곳 주님뿐…'을 부르셨다. 어릴 적부터 나는 내 친정어머니보다 더 인자하시고 존경스러운 분이라 여겼고 따르며 사랑했다. 나도 많은 칭찬과 사랑을 받아온 셈이다.

연로해지셨어도 이 땅에 계심만으로도 좋아서 어머님의 삶이 속도가 느리기를 염원했다. 내 고난의 시기에는 더욱 든든한 울타리로 여겨져 아픈 영혼을 기댔다.

집필하신 영성적 책들《겨울 나그네》《한 알의 밀알이 되어》《기쁨을 주고받고》《은총의 열매》《복음의 열매》속에는 어머님의 삶과 신앙이 고스란히 담겨 있다. 보잘것없는 내 신앙도 이 책들을 읽으며 마음을 다스리기도 한다.

여러 가지 챙겨 안겨주신 소담한 사랑들을 지금도 소중히 간직하고 있으니, 앙증맞은 도장집에 들어 있는 애기 손가락만 한 옛 도장은 어린 딸의 도장으로 새겨 쓰게 하셨고 기도하는 십자가 등불은 중학교 입학 선물로 아들에게 주신 것 잘 간직하고 있다.

옛 커피종이박스에 어머니 손수 지어 알약으로 만든 한약을 담아주셨던 것(어머니 글씨의 조제약 만드는 설명서 및 복용내용 포함) 지금도 식탁 위에 올려놓고 내 약봉지통으로 사용한다. 갖가지 축하카드나 글귀들도 다 보관하고 있다.

그중에서도 가장 소중한 《9일 묵주기도》 책은 내 보물 1호로 여긴다. 누적된 세월을 가누느라 스카치테이프로 여기저기를 감싸다시피 발라 놓은 낡은 기도책은 가히 골동품의 경지다. 오죽했으면 어린 외손자가 "할머니 이 책은 할머니한테 제일 소중한 책이지요?"라고 했겠나.

묵주기도 한 묶음 제대로 드릴 줄 몰랐던 가톨릭 신자로서는 엉성하기만 했던 내가 어머니로부터 이 기도책을 받고 가르침을 받은 때는 1991년 10월 22일이다.

우리 가정의 가장 힘든 때 위로차 찾아주신 어머니께서 내게 쥐어주신 영성의 줄기였기에 그 줄기를 붙잡고 신앙을 키웠고 기도를 적셨다.

성모님께 정성으로 묵주기도를 바치겠습니다. 성모님! 저의 기도를 들어주십시오. 애절한 마음의 기도를 바치나이다. 마리아여!

―제 루갈다 어머니께로부터 받은 책

이라고 연도 날짜도 쓰여 있다.

주님이 제게 맡기신 사랑의 소명인지 나는 꼭 30년째 '태평본당' 중심미사 반주를 한다. 그로부터 마른 가지에 물기가 돌고 싹이 트고 자라기 시작했음을 느낀다. 내 열 손가락으로 짚어내는 찬미찬송의 울림은 하느님의 거룩을 머금는다. 지금 이 세상에 계시지 않아도 성가 속에는 어머니도 잠겨 있다. 태평본당에 계실 때 오랜 세월을 내 반주를 들으시던 어머니셨기에 예뻐하시며 칭찬하시던 그 말씀처럼 내 소명은 깊다.

이 글을 쓰기 전 나는 오랫동안 생각하며 망설였다. 추모의 글을 쓰라는 청탁을 받고 어머님에 대한 적합한 글이 못 되면 어쩌나. 어떤 무례함이라도, 미흡한 내 표현으로 부족한 글이 되면 하는 걱정 때문에……

어머님의 마지막 저서 《복음의 열매》 뒷장에 써 놓은 나의 글귀를 그대로 옮겨 본다.

> 2015년 12월 10일 소천 12월 12일 영결미사
> 제 루갈다 어머님 떠나셨다 102세
> 어머니의 음성, 노래
> 내 손을 잡으시던 손길 벌써 그립다
> (고향의 봄) 애창하셨던 곡 성당에 울려퍼졌다……

눈물겨운 일 자꾸 번지는구나

큰 별 하나 새로 돋으리

주님의 나라 제일 좋은 곳에

어머님 가시리라

2015년 12월 12일 밤

이라고 적혀 있다.

 묵주기도 책이 너무 낡은 것을 아시고 두 번째 주신 (2014년 10월 12일) 기도책은 지금 날마다 나의 기도 속에 펼쳐진다. 어디든 가는 곳마다 챙기고 묵상하며 기도드린다. 무엇이든 쉽게 버리지 못하고 의미나 추억을 소중히 여겨 간직하는 습성 때문에 이 기도책도 내 보물이다.

 "나의 살던 고향은 꽃 피는 산골……"

 대건성당 장례미사 마지막 운구를 보내면서 가득히 울려퍼지던 이 동요곡은 이제 어머니 곡이 되었다. 슬픔의 사무침 속에서 자욱한 눈물 속으로 스며들던 곡이 운구를 전송했다.

 100년, 한 세기의 삶이 기어코 떠나시는구나. 따사로움을 남기고, 선함을 남기고, 하늘나라로 행차하시는구나. 망연히 서 있던 나의 뉘우침은 '안녕히, 안녕히, 어머니 불효를 용서하소서'라고.

새로 돋았을 큰 별 하나 찾아 눈길을 올린다.
무수한 작은 별 사이로 영롱한 별 하나 반짝인다.
그리움의 잔해가 소슬히 하늘로 솟는다.

죽음과 삶의 경계가 없으시던 평화로움 속에서 눈감으신 분, 일생을 충만히 은총의 샘물을 길어올리셨고 자신이 바로 은총의 샘물이셨던 어머님!

이 세상에 남긴 업적과 공로를 감히 열거하지는 않겠다. 통영을 감싸주시던 포근한 사랑과 열정, 깊은 신앙을 기억할 뿐이다.

"오, 나의 영혼아. 거룩한 주님을 찬미하여라. 찬미하여라. 오, 내 영혼아. 거룩한 주님을"이라고 적어놓은 내 기도책 갈피의 맹세처럼 어머니의 마지막 저서 《복음의 열매》 준성서 같은 말씀에 잠겨 나를 다독이며 살아가리라.

기도하던 한 그루 나무는 고목이 되어 사라져도 무성한 잎새와 열매를 남겨 통영의 역사 속에 담겨 영혼의 아름다운 울림으로 살아 있을 것이다. 소천의 길에서는 주님의 천사가 마중하여 부축해 드렸으리라.

새로 돋았을 큰 별 하나 찾아 눈길을 올린다. 무수한 작은 별 사이로 영롱한 별 하나 반짝인다. 그리움의 잔해가 소슬히 하늘로 솟는다.

PART 4

그리웠던가

찾아볼 책이 있어 뒤적이다가 옛 책들이 꽂힌 학원 책장에서《충무문학》2집을 찾아 들추게 되었다. 지금은《통영문학》지로 바뀌어 36집 발간을 준비 중이다. 거기에 실린 시詩가 아닌 편지체 한 편을 지금 45집《수향수필》문학지에 다시 실어본다. 이 글은 삼십 대 후반의 내가 나에게 쓴 글이라고 해야 마땅하겠다.

스스로에게 보내고 격려하고 다짐한 글의 내용은 사라진 젊은 날의 풋풋한 민얼굴이다. 비록 감성의 한 조각에 불과한 어설픈 글이지만 그 나이의 나를 돌아본 것에 의미를 지닌다고 하면 되겠다.

추억의 페이지, 그대로를 실어본다.

- 벗이여, 우리 생애에 하루인들 -

벗이여!

오늘도 밝은 태양은 어김없이 떠올라 온 누리를 비추이고 아침 시간은 가족들을 위해 분주히 보내었다오. 벌써 시월도 하순 길에 접어들었으니 겨우 남은 두어 달이 82년 몫이구료. 하늘이 잘 닦인 푸른 유리알로 보이고 온 산에 단풍이며 산국화, 들국화의 청초한 모습과 더불어 가을이 절정을 이루고 있을 때, 한 조각 편린 재울 곳 없어 하얀 백지 위에 실어 띄우는 마음이라오.

- 연륜은 여기서 잠깐 멈추어라.

섬약했던 우리가 강인한 삶의 지혜를 배우기까지 비와 바람, 천둥일랑 몇 굽이를 돌았지. 멀리 바라뵈는 저 등 너머머 돌아온 세월이 환하고 우리 모두 지는 햇살로 기울고 앉았어도 마음은 이른 아침 물오른 꽃만 같아라 -.

벗이여.

날씨가 스산스러워지니 낭만과 애상에 젖어 어디론가 떠나고 싶도록 들뜨던 마음보다 월동준비나 생활의 분주함이 먼저 머리를 치켜드니 꽤나 현실적인 내가 되었나 보오만. 추억이 허기처럼 찾아와서 가끔 주눅 들린 날들에 끼어들면 책이나 뒤적이고 창밖이나 바라보는 것이 소일일 뿐이지요.

자식과 남편 희로애락 그 전부를 맛보고 무시로 드나드는 슬픔이나 절망마저 이 앞에는 무력해져서 가없는 사유 안에 결박당하곤 하는구료.

곡식은 농부들의 땀과 정성으로 좋은 결실을 맺듯이 더 많은 고통 더 많은 인내가 따르는 삶이 더 값진 삶이 아닐는지-.

현실은 우리들의 지난 얘기같이 그렇게 수월한 것은 아니었소. 반신반의하는 생生과 사死의 문제들이 절실해지는 날이면 삶이란 자연의 섭리인 양 어쩔 수 없는 숙명처럼 우리를 끌어가는 가운데 망각도 하고 새로운 희망으로 스스로 위로의 길을 찾고 삶의 방향을 되짚게 되는 것이 아니겠소.

바람의 가는 곳엔 영혼의 흐느낌이 구르는 듯하고 한 송이 꽃이 피고 지는 것도 무심히 보아 넘길 수 없는 일이니 말이오. 허망한 것들이 차츰 더 우리들의 눈에 띌 날이 머지않았는데 가을도 가고 겨울의 싸늘한 골격을 만나게 되면 움츠린 어깨들을 감싸주었으면 싶소.

거리엔 가난하고 병든 사람이 줄고 가엾은 어린것들의 비참한 모습이 눈에 띄지 않기를 바라고, 어둡고 두려운 얘기보다 따뜻하고 밝은 얘기들이 들려오길 기다릴테요.

벗이여.

신神의 모습을 본 적이 있는지?

내 독단이기도 하지만 나는 마음만 먹으면 그 모습을 볼 수 있으니 말이오. 나는 언제나 그를 자연 속에서 만날 수가 있소. 한 알의 열매 속에, 꽃 속에, 아름다운 풍경 속에, 나뭇잎새 속에, 바다 조개껍질 속에 작은 새의 깃털 속에…… 이런 무궁무진한 자연 속에 신의 모습이 깃들어 있음을 감지할 수 있는 것이오.

귀한 아름다움과 작은 것의 소중함을 사랑할 줄 아는 마음을 주셨으니 이것만으로도 감사한 일이 아니겠소. 아름답고 신비로운 자연 때문에 살고 싶은 욕망을 불현듯 일으키게도 되고 두려운 생각에서도 벗어날 수가 있으니 말이오.

'사랑'이란 또 얼마나 아름다운 연유로 오는 건지 -.

사랑은 모든 것을 다 포옹하고도 남는 말! 그러기에 그 어느 말보다 진실해야 하고 생명적이라야 하는 까닭에 사는 동안 끊일 수 없는 물처럼 신선하게 삶을 지탱하는 힘이 되는 것이 아니겠소.

어느 덧 우리 생애에도 황혼이 와서 백발성성한 채 스산한 길모퉁이에 설지라도 마지막 생生이 끝나는 그 순간까지 내 생을 책임지는 자세로 순수하게, 멋지게, 건강하게, 당당하게 살다가 떠나기로 당부하구려.

수척했던 마음이었거든 이 가을 볕살에 다 내어 널어 마음도 탐스러운 열매처럼 익게 하고 자신을 위한 자아를 찾는 일에 인색하진 맙시다.

'그리움'보다는 '기다림'이 더 희망적이어서 좋다던 소녀 적 얘기와도 같이 아직도 기다리는 자세로 잃지 않는 소녀 적 꿈이면 또 어떠리.

이만큼이나마 세파世波에 물들지 않은 순수를 지녔음을 복된 일이라 여기며.

밤이 오거든 어두움 가운데 빛을 밝히고 기뻐도 좋고 슬퍼도 좋은 우리의 감성에 우리를 맡기고 가을 같은 노래라도 쾌히 부르면 그것이 행복인 줄 여겨질 것이오.

나는 오늘 밤 밤하늘을 우러러볼 것이고 한 줄기 바람이라도 더 휘감아 볼 것이오. 마음에 짚임 있음 글 한 줄 쓰고 사무치는 노래라도 부르리이다.

벗이여.

우리 생애 하루인들 헛됨 없이 보내고저 가을바람 속에 부치는 한 장의 여울지는 속삭임이라오 - .

전문全文 그대로 다 적고 보니 우습고 서툰 문장, 간결치 못한 글이 부끄럽다. 그러나 고치지도 지우지도 않았다. 옛 생애의 뒤안길을 돌아보며 지나간 삶이 남긴 마음 한 자락을 추억으로 여기며 싣는 것이다. 오히려 연민스럽다. 무심이 유심을 지켜주었단 말인가. 유심이 무심을 안고 있었단 말인가. 이만큼 살아온 나는 사라지는 것들의 섭섭함에 물들 뿐이다.

어린 자식들이 자라났고 그 아이들도 모두 어른이 되고 우리 부부는 늙어가는 중이다. 이미 이 세상을 떠난 벗들도 있고 형제도 있다. 삶의 굽이굽이를 넘으며 후회롭고 아쉬웠던 일은 또 얼마였던가. 돌이켜 보는 그리움의 기척에 마음 아리기도 한다. 부끄러운 글 한 편이 내 행간에 들어와 마음 부빌 줄이야. 스스로 묻고 답하는 메마름이 슬프다.

다시 들여다본 글 조각, 삼십 대의 나를 위해서 오늘 나는 비애를 머금은 피아노곡 로버트 슈만의 소나타 OP.11을 연주하며 그를 돌려보내려 한다.

PART 4

조각보

\#

소소한 몇 조각의 일상과 생각들을 조각보로 여기고 짧게 작게 끄적거려 맞추어 본다. 그것이 나의 사는 일이기에 더 이상 복잡하거나 큰 것을 바라지 않는 내 습관과 성미대로 몇 가지 마음의 모양과 빛깔을 깔아볼까 한다.

어떤 작은 아픔이나 감동, 소소한 슬픔들이 차지하는 나의 일상은 바로 마음이기 때문이며 이것이 모여 생애가 되었고 또 남은 생애로 이어져 가리라 여겨진다.

사유의 조각과 빛깔을 규격에 맞추지는 않는다. 장황하게 쓸 마음도 갖지 않는다. 그냥 자연스런 명상이면 되리라. 나를 끌고 온 길들에서 만나지는 것들과 나눈, 자랑은 못 되지만 순수하고 진실한 조각들이라면 되겠다.

\#

우산은 써도 되고 안 써도 될 만큼 비 내릴 때 오래 걸어와 성당 수국 앞에 서 보라.

나비 같은 꽃잎 속 촘촘한 보석도 우산 없이 젖고 있다. 몇 방울은 꽃 위에 몇 방울은 꽃 속에 내린다. 가만히 눈물에 젖는 것처럼.

허공도 젖는 성모님 내려다보시는 나무 아래니 수국은 더욱 애잔히 피는가 보다. 젖는 만큼 선명해지는 꽃과 비와 함께 오래 서 있었다.

\#

노래를 부르면 미소의 내막이 오르락내리락한다. 뱃전의 그림자에도 실리고 수초의 머리채에도 섞이다가 두둥실 구름 위에도 올라앉는다.

미소의 가운데를 관통하는 나의 노래가 가끔 멈춰 서서 한려의 풍경을 뚫어지게 바라보다가 강구안의 윤슬로도 일렁인다. 오늘은 멀리 있는 저 벗들이 노래의 벗들이 돌아오는구나. 사람들의 움직임, 깃발의 펄럭임이 모두 바람 안에 있다. 어떤 슬픔이면 또 어떠리.

\#

나는 나를 얼마나 잘 데리고 다녔나?

그런 물음에는 내세울 답이 없다. 많이 살아왔는데도 못 내세우는 무의미의 의미를 억지로 쫓아오지 않았나 싶다. 나 자신에게 마음 편히 해 준 적도, 화창하게 웃게 한 적도, 신바람 내어 준 적도 기억 없어 그저 휘적휘적 데리고 다닌 행적만이 나를 지탱해 왔던 삶이 아니었을까.

어수룩한 행선지, 보잘것없는 이유로 바빴고 바깥의 손을 잡는 것 외엔 울적함이 채워 준 마음을 이끌고 배회했던 나날이었다. 그러다가 다행히 어떤 시심詩心이라도 만나게 되면 그 영혼과 치닥거리다가 한 줄기 시의 줄기를 타는 것, 생각의 언어로 문장을 새겨 보는 그 고통과 기쁨을 즐긴다. 기어코 그는 가장 그리웠던 나의 벗이 되는 것이다.

\#

이 한 줄의 거미줄을 끊으면 거미집을 잡아채는 것과 같겠거니, 감히 가늘고도 튼튼한 긴 거미줄을 해칠 생각은 없다. 혼신을 다해 지은 집에 일생을 들어앉아 살 곳인데 내 손가락 하나로 건드려 무너뜨릴 일은 아니다. 그냥 신비롭고 연민스럽게 바라보는 것으로 끝냄이 옳겠거니, '허공의 집'엔 가을 푸른 하늘 사이 사이 날아가던 단풍잎쯤이야 걸려 있어도 좋을 터.

  손가락으로 잡아당겨 본 은빛 줄의 감각은 생각보다 아주 강했고 탱탱했다. 태풍 콩레이가 지나가도 멀쩡해서 안도한다. 일렁이는 투명한 작은 창문들도 건재하다. 곡예의 그네를 탄 호랑거미들(자칭)의 위용을 바라본다.

\#

  섬초롱꽃이 섬을 떠나와 은행 앞에서 모시적삼 속 희뿌연 초롱을 켜고 있다. 초롱들 넘치지 않는 수수함에 고개 수그리고 곁의 분홍 솔국들도 너나없이 밝고 귀여워서 나도 그늘 없는 밝은 얼굴이 된다. 꽃처럼 유순한 하루는 생애의 갈피에 적어두고 싶은 만남이었거니.

  칙칙한 일 없이 지나가는 저녁답 꽃들이 홀로 집으로 가는 나의 길을 동행한다.

\#

  시내버스에서 내려 바삐 내닫는다. 날개라도 달았으면 좋을 날이다. 고독한 첼로를 향하여, 피아노를 향하여 선율의 시詩를 내 영혼에 헌납하려고, 켜켜이 쌓아놓은 통증의 언저리를 쓰다듬어 주려고, 휘파람 소리로 간다.

아무것도 개의치 않는 나의 질주는 바람을 밀어내며 시간 안에 음악당에 도착하는 것이다. 좌석은 가장 잘 배정된 듯한 자리여서 기쁨도 배가한다.

영혼에 실리는 연주들은 감동이다. 아름다운 음악가들이여, 마음으로 불러보며 돌아온다.

\#

나의 조각보에 새기고 싶은 자작시詩 한 편도 덤으로 싣는다.

푸른 그림

윤슬이 저 먼바다까지 번져
물새 몇 마리 따라 날고
푸른 다리 아래
작은 하얀 배 하나 띄운
쓸쓸한 섬이
둥글게 엎드려 고요히 생각하는 구도

시의 빛깔 지닌
바다의 마음으로 번진

수평선도 넘는 섬 속 어디라도

꽃종 울리는 곳 찾아

발자국 떼어 본다

PART 4

유랑游浪

 오래된 일일수록 더 그립고 좋은 때가 있다. 기억의 저편 비밀처럼 간직된 생각을 꺼낸다. 그리워서 좋고, 좋아서 더 그립지 않던가.

 생애의 봄날 같은 그 봄, 나는 대학 일 학년 초년생으로 추억 하나를 만들었다. 친구들도 낯설었고 학교나 서울도 기대치만 못하고 교양과목도 채플시간도 지루하고 싫었다.
 겉돌던 나는 외로움과 슬픔, 불만마저 쌓여갔다. 그런 차에 말로만 듣고 꿈꾸던 일을 나만의 일탈로 실행해 보려고 어느 아침 강의도 빼먹고 학교 앞에서 버스를 타고 왕십리를 지나 종로까지 줄행랑치듯 달렸다. '르네쌍스'에 가 보려는 마음만 담은 채.

종로2가에서 내려 찾기 시작했으나 언뜻 쉽게 나타나 주지는 않아 3가, 4가, 5가까지 헤매고 다녔다. 여러 사람에게 물었으나 아무도 모른단다.

지쳐 있을 때 2가쯤의 어느 간판들 뒤쪽 위로 하얀 간판 하나가 눈에 들어왔다. 너무 작아 발견하지 못했던 것이다. 하얀 나무에 검정 글씨로 된 '르네쌍스'는 단순하고 수수하게 붙어 있었다. 관심을 갖지 않으면 쉽게 찾지 못할 위치쯤에.

클래식 음악감상실 '르네쌍스'. 지금도 비밀스런 어떤 이름처럼 떠오르곤 하는 감동적이고 아름다운 르네쌍스를 향해 좁은 나무 계단을 올랐다. 문을 열기 전 이미 음악은 새어 나오고 있었고 나는 설레고 있었다.

무거운 문을 열고 들어선 나는 검고 붉은 이중의 두꺼운 장막이 길게 드리워진 분위기에 압도되었고 높은 창과 벽을 덮으며 내린 긴 휘장과 울리는 교향곡에 주눅 들었다.

구석진 자리 한쪽을 차지하고 둘러보니 한 젊은이가 벽 쪽 좌석에 서서 눈을 감은 채 지휘봉을 흔들고 있었다. 오케스트라를 지휘하는 마에스트로가 된 것일까. 홀로 음악에 몰입해 젓는 저 움직임은 여기가 르네쌍스임을 알려주는 것같이 어울려 보였다.

텅 빈 큰 실내에는 두어 명의 남녀가 눈에 띄었을 뿐. 거기 내가 섞여 영혼을 울리는 음악의 악장 속을 거닐어 보고 있음이 꿈만 같았다. 긴 시간을 소요했던 베토벤 교향곡 5번 〈운명〉이 지금도 그 기운을 보내곤 한다.

 그 후 학과 친구들과 숙제로 받은 곡들을 듣기 위해 DJ가 있던 '디세네' '칸타빌레' '아데네' 등을 찾아보았던 기억은 있지만 르네쌍스 같은 분위기와 느낌으로 나를 길게 머물게 하던 적나라한 감동은 남아 있지 않았다.

 그 이후로 르네쌍스를 찾은 기억은 없다. 그것으로 간직되어 버린 내 풋풋한 봄자리 한 곳이 한 번씩 떠돌 뿐이다. 더 보태고 더 뺄 수도 없던 곳으로 남은.

 십삼 년의 서울 생활을 접고 고향에 돌아와 여지껏 살고 있는 이 유랑의 삶. 소박한 품새들을 거느리고 휘도는 나의 생활 속에도 자유와 사랑과 안식과 꿈들을 지닌다.

 오늘은 비 내리는 날 음악실 둥근 테이블에 앉아 CD로 푸치니 라보엠 오페라 중 〈그대의 찬 손〉을 듣고 또 듣는다. 사무쳐서 비의 손을 잡듯 〈그대의 찬 손〉을 잡고 생각으로 떠나면 유랑이 되는 것이다. 그 그늘이 젖고 아플지라도 아름답고 그리운 사무침이길래. 아름다운 미성을 지닌 테너와 함께 누리고 있는 이 시간도 한 편의 보잘것없는 산문에 끼워넣는다.

차츰 가을은 깊어갈 것이고 나는 계속해서 소박한 나만의 유랑을 이어갈 것이다.
　나의 과거 나의 현재 나의 미래가 투명하고 아름답게 사는 자연을 닮고 그런 감성을 잃지 않길 염원할 뿐이다. 예술을 좋아하고 우수를 좋아하고 자연을 좋아하는 나는, 더 많은 것을 좋아하기 위해서 유랑한다.

PART 4

소곡小曲

'소곡小曲'이라 써놓고 보니 내 사는 법이 모두 소곡이다. 동행하는 나와 내 그림자 말고는 작은 길들과 생각으로 산다. 수필적 구조를 떠나서 감돌던 마음만을 챙겨보며 섞일 것이다.

오늘 신문에 별 금성의 기사가 실렸다. 금성은 밤하늘의 별 중 가장 크고 밝은 별로 알고 있다. 개가 밥때를 기다릴 때 뜨는 별이라고 '개밥바라기' 별이라고도 한다. 만나고 싶은 별이다.

내가 태어난 날은 한가위 추석날 밤이다. 환한 만월의 밤 어머니가 저녁을 먹고 설거지를 할 때쯤 산기가 와서 그 밤에 나를 낳았다고 한다. 밝고 청아한 가을밤 달빛 속에서 첫울음을 울었을 나는 금성의 보호도 받는 사주라고도 하니, 내 생일이 가을이라 좋고 추석날 밤이라 더 좋아지기도 했다. 곡식이 익고 과일 단맛 짙고 청초한 가을꽃들 속이니….

　벌써 칠십 대의 중반을 갓 넘고 있으니 풍성한 달도 그만큼 여럿을 만나본 셈이다. 그러나 나는 아직도 철이 안 든 마음뿐이지만 그런 나를 탓하지는 않는다.

　*

　이맘때, 가을 이맘때쯤인가. 풋풋했던 학창 시절 우리는 한양대학교 가까이에 있던 그 다리를 건너갔다. 긴 개천이 넓게 뻗어 있었고 둑길이 아득히 펼쳐 있던 곳을 바라볼 수 있던 다리 위를 걸으며 미라보 다리라 여겼다.

　센강도 아닌데 우리는 먼 노을을 바라보며 그렇게 부르며 낭만적 기분에 휩싸이기도 했다.

　'강나루 건너 밀밭 길을 구름에 달 가듯이 가는 나그네…'를 생각했다.

　이름 풀이를 잘하던 학생은 내 이름은 장차 글을 잘 쓸 것이라고 했다. 음대생을 보고 소위 문학이라는 말을 꺼내 "그럴까?" 거듭 생각해보며 한 번씩 예언처럼 여기기도 했다. 그래 그런지 내가 시인이 되고 만 것이다. '미라보 다리' 건너 붉게 물든 하늘이 비친다. 노닥거리며 걷던 우리도.

*

새떼들에게 왜 울고 가느냐고 묻지 마시라. 울어 본 것들만이 아는 그 까닭을. 창망한 하늘이 알고 있는 줄 모르지 않건만 불그스레 어려오는 눈물기 앞에 이 가을은 자꾸 참담해지는 것 같다. 누굴 탓할까. 이 세상의 흐름을, 모두들 마스크를 쓰고 입을 닫고 눈을 닫고 마음도 닫는다.

울먹이며 건너가는 세월 아닌가. 천진하게 피어 있는 꽃들과 자연을 위안 삼고 참고 사는 것이다. 울먹임끼리 위로하자. 마음민으로라도.

*

나는 즐긴다. 혼자서 즐기는 길이 그렇게 해 주기 때문이다. 잘 찾는 서피랑 길, 이끼 낀 돌담 나무의 몸피도 쓰다듬으며 낡은 옛 것을 바라보며 어린 시절도 만난다. 높던 층계들이 너무 낮아졌고 큰 집들이 작아졌고 살던 사람들 사라진 동네를.

겨우 생각을 맞추면 빈집들의 음산함도 연민스럽다. 낡아가기만 할 뿐 되살아나는 것은 없다. 적막의 기척은 늘고 정비하느라 서 있던 나무들도 베어진다. 봄에 만날 매화의 자리가 밀려난 것 같다. 저 구석 겨우 남은 나무가 그 매화이길 소원하며 봄을 기다릴 참이다.

*

 난생처음 찔레꽃을 먹어보았다. 바라보기만 했던 찔레 하얀 꽃잎을 따서 먹어 본 맛, 여린 향기 여린 단맛을 음미해 보았다. "엄마 엄마" 부르며 따서 먹었다는 시인의 그리움의 맛, 울음의 맛을, 애달픈 꽃의 맛을….

 중학교 일 학년 가을 소풍 산 언덕에 엎어져 손바닥에 박혔던 찔레 가시 하나가 일년 뒤에서야 새까맣게 되어 그 뾰족한 끝이 손바닥을 빠져나왔다. 인내하며 살던 일년의 기다림 뒤 까맣게 변질되어 나타난 일은 다행스런 기쁨이었다. 지금도 내 오른쪽 손바닥을 쳐다보면 간혹 그 가시가 생각난다.

*

 오늘 신문 〈소설 같은 세상〉을 읽으면서 '요즘 사람들은 왜 세계문학을 읽지 않을까?'에 눈과 마음이 쏠리고 공감한다. 그랬다. 그시절 나는 곧잘 수업시간 책을 가려놓고 문학책들을 읽곤 했다. 독일어 시간이 싫지 않았는데도 고2 독일어 시간에 교과서 밑에 헤르만 헤세의 《아름다워라 청춘이여》를 펼쳐놓고 읽고 있었다. 눈치 챈 선생님께서 다가와 책을 뺏어보시곤 "너 아주 멋진 책 읽고 있구나. 내가 보관할테니 수업 끝나고 돌려줄게."라고 하셨고 좀 서운했지만 압수당한 문학전집이 멋진 책이라는 말씀에 동의하면서 내 행위도 부끄럽진 않았다. 수업 후 당연히 선생님은 웃으시며 돌려주셨다.

앙드레 지드의 《좁은 문》, 스탕달의 《적과 흑》, 제인 에어의 《폭풍의 언덕》, 토머스 하디의 《테스》, 펄벅의 《대지》, 서머싯 몸의 《인간의 굴레》, 가와바타 야스나리의 《설국》, 앙드레 말로의 《인간의 조건》 등 많은 고전과 소설 등을 순례하며 분노하고 사랑하고 그리워하고 사모하며 살았다. 도서관, 서점 등에서 빌려보고 사보고….

첫 장을 펼칠 때와 마지막 장을 덮을 때의 기쁨과 감동과 서운함, 아쉬움을 잊지 못한다. 먼 세월 뒤에 다시 읽어보던 어떤 그리움들이 내 영혼을 채웠으리라. 아름다운 때였거니.

*

어느 날 나는 서피랑에 또 올랐다. 여러 갈래의 길이 있고 먼 곳이 아니라서 자주 찾는 편이다. 새나 나비, 작은 꽃들이면 족한 소곡들이 있는 곳이기도 해서.

무료를 채울 작은 방향方香이라도 채울까 하고 맑은 날 나를 데리고 올라와 난간에 기대 사슴을 찾았다. 멀리도 아니고 바로 눈아래서 꽃사슴의 눈과 마주쳤다. 꽃사슴은 빤히 나를 올려다보고 나는 내려다보고.

맑고 순한 까만 눈동자와의 마주침에서 말이 들리는 듯했다. 눈도 깜박거리지 않고 동백 잎을 오물거리며 나를 올려다보던 시선을 잊지 않는다. 무구한 그 눈빛을.

고개 돌리지 않고 서로를 오래 바라보았던 시간이 바로 소곡이다. 눈이 다 하는 말을 듣다가 결국 내가 먼저 그 자리를 떠났고 그런 뒤 사슴도 그의 집 쪽으로 걸어갔다.

찾으면 지천에 있는 고운 것들, 잊을 수 없는 것들이 호젓한 길에 젖어든다. 사는 것은 이렇듯 소곡小曲과 더불어 어둠과 밝음을 견디며 나를 치유하며 살아보는 것일 게다. 작은 곡들의 발자국을 사랑한다.

연이어 찍힐 곡 속을 배회하며 살아갈 것이다. 작은 곡들이 거듭 위로해 줄 것임을 알기에. 내가 부를 수 있는 나의 길에서.

PART 4

오동의 길

〈오동나무 안녕하시다〉 써놓고 세월이 지나갔다. 유심이 무심을 안겨 주기에는 잊지 못하는 애틋함이 짙다.

어느 날 교회 앞 주차장과 넓은 마당 틈새로 솟아오르던 어린 가지, 우연히 만난 오동에 놀라 그 옛날 우리 집 오동의 후손임에 틀림없다 여기고 기뻐했던 감동이 스친다.

빠른 성장으로 쑥쑥 자라 허공에 펼친 날개들을 우러러보던 감동이 엊그제 같다. 삼삼히 어리는 실하고 아름답게 자란 그를 아픈 마음으로 그려보게 될 줄은.

주렁이던 보라, 보라, 보라 꽃초롱의 어여쁜 출렁임엔 산조 가락, 거문고 가락, 퉁소, 대금산조까지 섞여 흘렀던가.

큰 교회당의 수문장 되어 하느님 보시기에도 좋은 나무였는데 통제영 길 내느라고 허물고 세우고 큰길 만들고 흔한 어린 나무들 줄줄이 심고 교회당 새 길 내고 정비하느라고 베어질 직전 내 호소로 살게 된 나무다. 통영시장 팻말까지 달고 '훼손하지 말라'는 옮겨다니다가 시달린 마지막 가엾은 몰골에 이르러 그 겨울, 가림막 구석에서 떨고 서 있다가 무참히 베어져 사라졌다.

 그 땅 어느 구석에라도 건강하고 아름답던 오동 한 그루 살릴 곳 없었던가. 이리 밀리고 저리 밀려 겨우 지지대에 지탱해 살던 오동 한 그루, 옛집도 사라진 땅속에서 오랫동안 어둠을 헤매던 절박했던 뿌리의 고통 그 시간을 생각한다. 자연의 강인함과 인내와 신비도 생각한다. 내 핸드폰 카메라에 담긴 흔적 말고는 찾을 길 없는 그를.

 교회 정문 앞쪽에 있던 우리 옛집 이층 창틀에 걸터앉아 곳간 옆 키 큰 오동나무 너머 서쪽 하늘 바라보며 워즈워스의 시를 생각했고 상념에 젖던 꿈을 그리던 시절이 어른거린다. 아름답고 풍성했던 추억들이다. 온갖 새들 날아와 지저귀던 넉넉한 나무의 품속. 비와 바람, 달빛 별빛, 아침 햇살과 저녁노을까지 들고 나던, 훤칠히 컸던 오동의 존재를 잊지 못한다.

 자연의 목숨이 꼭 붉은 피를 흘려야만 생명인 것은 아니지 않은가. 무구한 자연을 함부로 훼손하는 자, 징벌하고 싶은 나의 '자연관'임에. 가엾은 오동 한 그루! 푸른 잎새로 살아 있음을 알리고 있없는데도.

  긴 빗소리 속에 앉아 흔적 없이 무참히 떠난 나무의 애달픔을 가슴에 묻는다. 오동의 길, 나무의 영혼도 비를 맞고 있으리.

기도하던 한 그루 나무는 고목이 되어 사라져도
무성한 잎새와 열매를 남겨
통영의 역사 속에 담겨 영혼의 아름다운 울림으로 살아 있을 것이다.

2006년 자란만을 바라보던 가을 나들이

뒤안길 여미다
김혜숙 산문집

1쇄 펴낸날   2022년 10월 25일

지은이   김 혜 숙
펴낸이   오 하 룡

펴낸곳   도서출판 경남
주 소   창원시 마산합포구 몽고정길 2-1
연락처   (055)245-8818
이메일   gnbook@empas.com
출판등록   제1985-100001호(1985. 5. 6.)
편집팀   오태민 심경애 구도희

ISBN   979-11-6746-077-6-03810

ⓒ김혜숙

＊잘못된 책은 바꿔 드립니다.
＊저자와 협의 인지 생략합니다.

〔값 15,000원〕